GAFA 后时代

[日] 小林弘人　著

王婷婷　译

中国科学技术出版社

·北　京·

AFTER GAFA_BUNSANKA SURU SEKAI NO MIRAI CHIZU

© Hiroto Kobayashi 2020

First published in Japan in 2020 by KADOKAWA CORPORATION, Tokyo.

Simplified Chinese translation rights arranged with KADOKAWA CORPORATION, Tokyo through Shanghai To-Asia Culture Communication Co., Ltd.

北京市版权局著作权合同登记　图字：01-2021-3603。

图书在版编目（CIP）数据

GAFA 后时代 /（日）小林弘人著；王婷婷译. —北京：
中国科学技术出版社，2021.8

ISBN 978-7-5046-9085-2

Ⅰ . ① G… Ⅱ . ①小… ②王… Ⅲ . ①技术革新－研究

Ⅳ . ① F062.4

中国版本图书馆 CIP 数据核字（2021）第 126094 号

策划编辑	申永刚　杨汝娜	
责任编辑	申永刚	
封面设计	马筱琨	
版式设计	锋尚设计	
责任校对	焦　宁　张晓莉	
责任印制	李晓霖	

出　　版	中国科学技术出版社	
发　　行	中国科学技术出版社有限公司发行部	
地　　址	北京市海淀区中关村南大街 16 号	
邮　　编	100081	
发行电话	010-62173865	
传　　真	010-62173081	
网　　址	http://www.cspbooks.com.cn	

开　　本	880mm×1230mm　1/32	
字　　数	157 千字	
印　　张	7.5	
版　　次	2021 年 8 月第 1 版	
印　　次	2021 年 8 月第 1 次印刷	
印　　刷	北京盛通印刷股份有限公司	
书　　号	ISBN 978-7-5046-9085-2/F·937	
定　　价	69.00 元	

大家听说过"Zeitgeist"这个词吗？这是一个德语词，意为"时代精神"，指的是有着特定时代特征的思想和理念。本书将着重从 2017 年至今发生于科学界和社会上的现象入手，对"时代精神"一词谈谈自己的见解。

早在 1994 年，互联网以及由其构建的世界观还未普及时，笔者便创立了《连线》杂志的日文版，这是世界上最早报道数字技术引发社会变革的杂志。从那之后直至今日，笔者见证了曾以半导体产业为中心的硅谷的转型，见证了互联网这项科技是如何推动世界的进步，又是如何改变了社会的。

现今，世界正悄悄发生着变革。一直由美国主导的互联网科技以及由四大科技巨头 GAFA，即谷歌（Google）、亚马逊（Amazon）、脸谱网（Facebook）、苹果（Apple）构建的"时代精神"已经走到了十字路口。2019 年 3 月，在科技乐观主义盛行的得克萨斯州首府奥斯汀召开的世界性盛会西南偏南大会（SXSW，South by Southwest）上，针对 GAFA 的反对之声已然凸显，这在本书中也有所论述。世界各地掀起了对虚假新闻、信息泄露以及被称作"监视资本主义"的治理模式和包括经济活动在内的资本主义体系的批判和反对运动。

互联网自诞生之日起便一直朝着分散迈进。笔者在互联网蓬勃发展时接触了密码朋克（Cypherpunk）思想，但是，随着时代的推移，以 GAFA 为代表的集中平台登场，我们享受着由此带来的便利，但与此同时，本应自由的互联网也逐渐失去了信任，人气平台与非人气平台在经济和技术上的差距、信息上的不对等以及思想上的对立越来越严重。

区块链是对抗 GAFA 式商业模式的有效手段，其技术也许能助互联网重拾信任。虽然在日本，人们对区块链的普遍认知还是虚拟货币的底层技术，也有人将其视为投机对象，但其本质在于不依赖集中处理便可保证人们对系统的信任。这正是"密码朋克们"曾梦寐以求的世界。

与预期相比，区块链少了一些人人都可以感受到的社会实感，因此有人说它已经走向低谷期，但其实它在默默发挥着巨大的作用。笔者频繁往来于欧美和亚洲，尤其和欧洲以及亚洲的区块链团队保持着交流，从交流中笔者得知，那些能力出色甚至可以就职于 GAFA 的人们正在推动着社会变革。

日本的地方公共团体和企业正在推进区块链应用项目，举办面向程序员的学习会，国内外也在开展各种验证试验。待区块链得到普及之后，我们生存的这个世界将会变为何种模样？

作为了解互联网历史，成立了多家公司，有过扶持新创公司经历并为大型企业和地方公共团体做过项目孵化的人，笔者将试着在本书中为各位读者描绘出区块链之下的未来图景。

我们即将迎来"大解体"这个新的转型期。这将会是一个持续时间更长，较之现在更加混沌复杂的时期。现下我们提到"解体"，大多涉及的是商业话题，今后，将会涵盖生活方式、工作方法甚至是社会模式。本书便将探讨"大解体"背景下的世界观以及在背后推动的科技动力，并尽量贴近各位的工作和生活。在此基础上，还将进一步关注日本在"大解体"背景下应当如何应对。

作为虽还未得见，但也为期不远的世界的"时代精神"，若本书能为新议题抛砖引玉，笔者将会倍加欣慰。

目录

第 1 章
失去信任的互联网 —————————— 1

第 4 章
数字化已过时 ———————— **113**

第 **5** 章
可替代价值的生成方法 ——————————— **149**

第 1 章

失去信任的互联网

谷歌放弃在德国的校园建设

德国柏林的弗里德里希斯海因 – 克罗伊茨贝格区（以下称克罗伊茨贝格区），从各种意义上都可以说是目前大热的地区。

1990 年以来，来自世界各国的艺术家们在位于斯普雷河畔的柏林墙遗迹上绘制了超过 100 幅壁画，绵延 1.3 千米。这里生活着许多学生和艺术家，有品位的店铺和咖啡馆林立。此外，这里有从前土耳其移民建造的土耳其人街道，最近来自叙利亚的移民也在增加，因此，克罗伊茨贝格区称得上是德国东西文化、新旧文化急速交织融合的地区。包括克罗伊茨贝格区在内，柏林会集了来自整个欧洲乃至全世界的具有高敏锐度的年轻人、创业者、风投公司、创业孵化器（以投资为目的扶持创业的人和组织）以及大型企业研究实验室。

就是在这样的柏林克罗伊茨贝格区，自 2017 年年末开始，发生了激烈的居民抗议运动。抗议运动的矛头指向的是谷歌。

谷歌在推进一个计划，将该地区的工业建筑进行改造，用于建设名为"谷歌校园"的孵化中心、共享办公空间和咖啡馆，为创业者提供扶持。对此，市民异常愤怒。

　　抗议的原因有很多，其中之一是房价暴涨。人们担心再开发会使高收入人群涌入，房价上涨，最后导致大量居民不得不搬走。街上到处贴着写有"阻止谷歌校园"之类的标语，甚至出现了以"反对谷歌"为卖点的咖啡馆。因为抵抗运动过于激烈，谷歌放弃了校园的建设。

　　但是，从日本人的角度看，如此激烈的抵抗谷歌的运动，实在令人难以理解。

张贴于克罗伊茨贝格区的谴责谷歌的标语
拍摄：于尔根·施佩希特（Juergen Specht）

注：滚蛋吧谷歌！
谷歌和它的世界里没有
克罗伊茨贝格
（滚蛋吧谷歌！网）

GAFA 后时代

在日本大学生最希望入职的企业排行榜（2019 年 2 月 28 日，mynavi 新闻）中，谷歌排在第 3 位。如果谷歌要在日本原宿、代代木、海湾沿岸地区建设高档校园的话，估计大家一定会举双手赞成，并希望在其中工作吧。谷歌在世界各地都建有新技术、新产品研发基地，并在以色列特拉维夫、英国伦敦、韩国首尔、西班牙马德里、巴西圣保罗和波兰华沙均建有谷歌校园。2019 年 11 月 19 日，谷歌在东京开设了谷歌创业孵化基地（Google for Startups Campus），位于谷歌日本本部所在的"涩谷溪"（译者注：大厦的名字）内。

谷歌还于 2014 年在德国柏林的米特区开办了创业工厂。创业工厂指的是为创业者提供共享办公空间和会议室的场所，那里培育的是初创企业。米特区位于柏林中部，曾是民主德国的中心，但与克罗伊茨贝格区不同，这里几乎没有原住居民。

其实，激起克罗伊茨贝格区反对派愤怒的不仅仅是房价暴涨。他们认为，以谷歌为代表的 GAFA，不断引进人才发展壮大，利用用户的个人信息获得巨大利益，但是却通过避税港等手段，规避向本国纳税。

2019 年 1 月，法国数据保护机构 CNIL（国家信息自由委员会）以违反欧盟关于个人数据采集的条例 GDPR（通用数据保护条例，2018 年实施）为由，对谷歌处以 5000 万欧元（约 62 亿日元）的罚金。在克罗伊茨贝格，民众掀起了反对谷歌的抗议热潮。

西南偏南大会为何突然开始自我反省

每年 3 月在美国得克萨斯州首府奥斯汀举办的西南偏南大会，是一场关于信息技术、音乐、影视、游戏的盛会，为人熟知的推特也是借这场大会一炮而红。

笔者每年都会参加西南偏南大会，一方面为了获取最新的高端服务方面的信息，另一方面可以感受潮流趋势的变化，然而 2019 年的西南偏南大会，氛围与以往截然不同。

开幕当天，参加 2020 年美国总统大选候选者提名竞争的民主党参议员伊丽莎白·沃伦站到了演讲台上。沃伦曾公开呼吁"GAFA 解体"，她十分重视大型科技公司的垄断问题，此次终于攻入了科技界盛会西南偏南大会。放在几年前，很难想象西南偏南大会会邀请沃伦这样敌视科技企业的人来参加开幕式。

此外，笔者还从相关人士处得知，会议期间，有脸谱网的工作人员想要登台发表演讲，却遭到了会议参加者的批判，他们声称"都是因为脸谱网，我女儿才遭受了欺凌！""只热衷于提高市值，赶紧想办法整顿虚假新闻吧！"据说每当出现批判的声音时，大家都会鼓掌欢呼，会场气氛十分热烈。

在笔者参加的分会场中，有英格兰银行等客户的英国数字营销代理公司赛博达克（CyberDuck）的首席执行官丹妮·布鲁斯通，在题为"数字时代的信任崩坏"的演讲中，以脸谱网的例子为戒，强调今后企业品牌追求的应该是以信任为基础。在其他关于人工智能和区块链的分会场中，也出现了布鲁斯通先生提及的"信任""伦理"等词语。充满着科技乐观主义的西南偏南大会，仿佛瞬间开始自我反省。

事实上，与脸谱网有关的丑闻还有很多。

2018 年在墨西哥，就发生了一起因民众轻信通信软件Whatsapp（被脸谱网收购）上的虚假新闻，对 2 名男性处以刑罚致 2 人死亡的惨痛事件。此外，印度大型日报《印度时报》报道，截至 2018 年 7 月，同样因 Whatsapp 上散播的虚假新闻引发的杀人事件，已增至 27 起。

还有报道显示，也有国家主动捏造虚假新闻，对少数民族进行镇压或是利用深度伪造（deepfake）这项人工智能技术生成动画并传播虚假信息的情况。尤其是在英语圈，在网上用"虚假新闻和脸谱网"或是"Whatsapp 和那个年代"关键词进行检索，还能检索出很多类似的案例。

最大一起丑闻应属英国数据分析公司剑桥分析（2018 年 5 月宣布破产，停止营业）卷入的涉及多达 8700 万人的个人信息泄露事件。剑桥分析借助脸谱网上的应用软件获取个人信息，将收集到的数据用于帮助特朗普阵营在 2016 年美国大选中获胜。

如果某些政党为了在选举中获得胜利，而将你及身边亲友在社交网上的个人数据交给选举咨询公司，这应当是十分令人担忧的事情吧。

脸谱网创始人马克·扎克伯格看出了事态的严重性，他在西南偏南大会召开前的 2019 年 3 月 6 日发表了题为"重视隐私的社交网络愿景"的宣言，提出了信息软件加密等思路，表明了脸谱网今后重视隐私的态度。

亚马逊纽约第二总部建设计划受挫

标榜顾客至上主义的亚马逊，通过构建可以将大量货物快速送达顾客手中的物流网络，成为电子商务市场的胜出者。但是，对亚马逊仓库非人性化的工作环境的质疑一直持续不断。虽然亚马逊正利用机器人推进仓库业务和配送业务的自动化，但是仍无法摆脱人们对其劳动环境恶劣的印象。

2019 年 2 月，亚马逊打算在纽约建设第二总部的计划遭到了当地居民和议员们的反对，亚马逊最终发表声明宣布终止该计划。

亚马逊劳工之间的纠纷由来已久。2019 年 7 月 15 日，即亚马逊成立 20 周年举行"会员日"大促当天，位于明尼苏达州沙科皮仓库的工人们举行了罢工运动。在行进过程中，他们高举着写有"我们是人，不是机器"标语的大旗。对于这场罢工，反对第二总部建设的纽约市长比尔·德布拉西奥在推特上写道："让他们（亚马逊）下地狱去吧。"

2015 年《纽约时报》对亚马逊的劳动环境问题做过详尽的专题报道，但一直悬而未决。美国职业安全与健康委员会发布的年度报告《2019 十二危险工作排名》（*The Dirty Dozen 2019*）中，亚马逊被列为最危险的工作场所。每当劳工问题引发关注，亚马逊都会出来反驳："这与事实不符，（工会）在散布不实信息。"

除了劳工问题，美国各大城市也掀起了针对亚马逊的抗议运动。其中便有针对亚马逊将其开发的人脸识别系统亚马逊识别（Amazon Rekognition）贩卖给 ICE（美国移民与海关执法局）一事。

这项技术被认为是对非法移民家庭进行分离收容的"零容忍"政策的帮凶，亚马逊内部员工及部分股东也提出了反对意见。虽然特朗普总统的"零容忍"政策遭到了国内外的批判，在实施 2 个月之后方针即变为可将非法移民家庭拘禁在一起，但是对于如何进行长期收容以及收容过程中的应对问题，现今仍是一个难题。亚马逊的服务被用于搜索非法移民家庭一事，引发了批判。

与 GAF 相比，苹果其实是无辜的？

GAFA 中的第 2 个"A"，也就是苹果，其实不属于与其他 3 家企业一同被提及。

2019 年 1 月，（同往年一样）苹果照例缺席在拉斯维加斯举办的消费类电子产品展览会（CES，International Consumer Electronics Show），但是在会场附近的大厦上悬挂了巨幅广告牌，上面写着："发生在您的苹果手机（iPhone）中的，只会留在您的苹果手机中。"

这句话其实效仿的是下面这句话。

"发生在拉斯维加斯的一切，就让它留在那里吧。"

正如在拉斯维加斯"干"的事儿不会外传一般，在苹果手机上进行的操作也只会留在苹果手机中。苹果想传达的是，我们与谷歌和脸谱网不同，用户的个人信息不会被泄露。

此外，2019 年 6 月，苹果在全球开发者大会（WWDC，Worldwide Developers Conference，苹果每年举办的面向开发者的活动）上发布了"苹果授权登录"（sign in with apple）。这是一种用户无须向第三方企业提供邮箱等信息，便可利用其服务的机制（苹果会随机自动生成虚拟邮箱，转发来自第三方的邮件）。

这种模式在消费类电子产品展览会和西南偏南大会等展会中也得到了认可。拥有苹果手机这个强大产品的苹果公司，能最大限度发挥无须获取个人信息这个优势，频频主张应该称 GAF（谷歌、亚马逊、脸谱网），而不是将苹果与其他几个公司合在一起称 GAFA。

然而，这也并不意味着苹果是无辜的。

苹果通过在其应用程序商店（appstore）中对软件开发商收取 30% 的手续费，构筑了其支配性的地位。对此，批判之声不绝于耳，认为苹果在扼杀竞争。瑞典一家流媒体音乐服务平台声田（spotify）向欧洲委员会提出诉讼，指控苹果在与别家存在竞争关系的服务方面，会持续不断地为自家应用程序获取不正当的竞争优势。

此外，2019 年 8 月，苹果联合高盛集团在美国开始推行信用卡服务苹果信用卡（Apple card），但随后出现了对男女信用额度存在差异的质疑。作家兼程序员大卫·海内迈尔·汉森（David Heinemeier Hansson）发现，自己和妻子的信用额度不同，在将此发布到推特上后，纽约金融服务部（DFS）宣布将对此进行调查。由此，苹果信用卡授予信用额度的算法成为"黑箱"问题并引发关注。

苹果在加利福尼亚州也遭到了集体起诉。起诉内容是苹果手机和苹果智能手表上搭载的人工智能语音识别软件（Siri）在未经使用者主动激活的情况下收集用户语音。

确实，为了提高人工智能的学习能力，有时会对用户与人工智能的对话进行人工分析，但问题在于数据是在未提前说明的情况下收集的。不仅仅是苹果，谷歌、亚马逊等开发语音智能音箱的企业也存在同样的问题。对此，亚马逊迅速做出了反应，追加了用户可以自行删除对话的功能，只需对人工智能发出指令："Alexa（一款人工智能语音识别工具），删掉今天所有的谈话内容。"

即便如此，对于如何处理为了提高用户体验或是增加广告收入采集的用户数据，至今仍存在很多暗箱操作，即使用户要求对此进行公开，但根据用户签订的使用服务协议也可能不会被采纳。

日本总务省、经济产业省、公平交易委员会针对平台方的数据流转及数据公开问题成立了数据与平台方交易环境整顿研讨会。中期报告除了规定要确保公平的自由竞争之外，还从多个角度对平台方相关的政策制定和规则完善做出了规定。显而易见，平台方风向的转变，与前面提到的 2018 年欧盟制定的 GDPR 是有关系的。

互联网黎明期的理想主义

在 20 世纪 90 年代，互联网还处于黎明期，不曾有人能预料到世界会发展至如今这般。那时主导着乐观主义未来预想的是受嬉皮士文化影响的美国西海岸的科技思想家们。苹果的创始人史蒂夫·乔布斯便是这些科技乐观主义者的代表性人物。

GAFA 后时代

乔布斯认为数字工具可以拓展人类的思考能力，而一直只出现在研究所和大型企业中的超级计算机应该大众化。正如他同样钟爱的德产大众汽车一样，它可以作为日常代步工具，带我们驶往远方。

大家还记得 2005 年乔布斯在斯坦福大学的毕业演讲吗？其中，他引用了他年轻时最喜爱的一种反主流文化索引杂志《全球概览》（1968—1973 年）中的话，在杂志最后一期的"致读者"版块中，该杂志的创立者斯图尔特·布兰德写道："求知若饥，虚心若愚。"布兰德是西海岸派的思想导师，他于《全球概览》之后创立的电子布告栏全球电子链接（the WELL）后来成为西海岸互联网知识分子们的"梁山泊"。全球电子链接的常客有凯文·凯利（Kevin Kelly），他接连担任过《全球概览》《全球评论》（*Whole Earth Review*）（1985—2003 年）的编辑，也是 1993 年创刊于美国的《连线》杂志的创刊人之一。此外，登录全球电子链接的还有拥有诸多论著的未来论者霍华德·莱茵戈德（Howard Rheingold），他也是《连线》杂志上经常出现的撰稿人之一。

《连线》创刊号的读者一定能感受到西海岸派乐观的氛围。因《第三次浪潮》一书为大家所熟知的未来学者阿尔文·托夫勒（Alvin Toffler）、海蒂·托夫勒（Hedi Toffler）夫妇以及未来学家保罗·萨夫（Paul Saffo）等人的名字也常常出现在《连线》杂志中。在《连线》杂志讲述的未来图景中，科技草根式的发展开创了民主新阶段，全球社区也应运而生。

互联网来源于美国国防部的高级研究计划署开发的阿帕网

（ARPANET），冷战结束后，由于世界各地的研究机构陆续参与其中，它便演变为一个全球性的学术网络。互联网被用于跨国界交流，从而推动了乐观论的产生。

早期的《连线》直接由题为"改变总是好的"的专题报道组成，编辑路易斯·罗塞托（Louis Rossetto）之后还出版了同名图书。笔者在对日本信息技术创业公司先驱与ASCII（美国信息交换标准代码）的创始人，同样也是比尔·盖茨好友的西和彦进行采访时，他对我说，互联网的价值在于"通过跨越国境的信息共享，消灭战争和贫困"。

不过，当时并非所有人都对互联网持乐观态度。以美国东海岸派为中心，持谨慎、怀疑态度的人也不在少数。他们认为，政府有必要对来自民间的且在无政府状态下持续发展的互联网进行适当的干预和管制。对于如今所说的"多样性"，那时的人们多少还是存有一些质疑的。

笔者至今仍对刊登于《连线》杂志美版第2期上的读者来信留有印象。那时《连线》杂志有一个版块叫"抱怨和鼓励"，上面会将读者来信原封不动地刊登出来。

有一件事让我很困惑，女性在哪里？我想知道：我们是否被邀请加入这个新社会？又是以何种身份加入？你们首期杂志的内容还不如植根于工业—军事—性—男性情结中的20世纪典型的《现代》有未来感。我希望，我们的最终价值不要出现在与战争、性和阴谋论有关的文章中，无论这些文章多有趣、写得多么好。

这是一个阴谋论：白人男性发明新的权力武器和精英主义这种数字武器，以保护他们免于受到抨击，因为他们否认女性的地位——这个婚姻出现以来最伟大的社会变革。哦，我希望新千年真的会有一些新的改变！

（来自加利福尼亚州圣何塞的读者来信）

概括一下，就是这位读者指出，《连线》刊载的关于科技和社会变化的报道中，不见女性的身影，而且还不如 20 世纪典型的《现代》有未来感。文章以讽刺的口吻写道，白人男性拒不承认社会发生的变化，他们为了守住既得利益，发明了数字科技这个新型武器。

早期的互联网，只有研究机构等部分精英才能使用，也不为普通群众提供有价值的服务。即便如此，当时还是有些人对网络带来的问题抱有些许不安。

问共享经济之"共享"

斯科特·加洛韦（Scott Galloway）的全球畅销书《互联网四大》

让 GAFA 一词走出了信息技术圈。GAFA 是操控世界的支配者这一观点广为流传，但其实应该给予关注的不仅限于谷歌、亚马逊、脸谱网、苹果这四家公司。也许提供车辆调度服务的优步（Uber）和提供民宿服务的爱彼迎（Airbnb）也应列入其中。

2010 年，作家雷切尔·博茨曼（Rachel Bostman）和路·罗杰斯（Roo Rogers）共同出版了《共享经济时代》一书，书中描绘了共享经济带来的可能性，其中还对爱彼迎做出了积极评价（未提及优步）。笔者当时也感受到了共享经济的可能性，开始着手该书日文版的出版事宜。

然而，《共享经济时代》出版 10 年后，对共享经济的批判之声却不断高涨。

成为优步的司机意味着可以利用零散时间获得收益。乘客和司机相互评价的机制，可以淘汰态度恶劣的人，构建舒适的司乘关系。但是，这样一来也会造成司机数量激增，导致司机无法获得预期收益。司机还要承担油费和车的养护费用，而且由于优步和司机之间并非雇佣关系，如若发生事故将对司机非常不利。

此外，乘客一方也存在风险。美国国内关于优步司机强奸案件一直时有报道，该公司在 2019 年 12 月 5 日发布的报告显示，2017—2018 年美国境内发生了 5981 起性侵案件，其中强奸案 464起，致 19 人死亡。优步很早以前便被强奸问题缠身，公司上市后，才首次公开真实情况。

尤其是 2016 年发生的高评分司机射杀 6 人事件，让人们陷入恐慌之中。雷切尔·博茨曼也在其著作《TRUST 世界最先进企业如何获得"信任"》中提到此次事件，这件事足以引发我们对迅速发展的商业共享服务的重新思考。

被捕时，杰森·布莱恩·道尔顿（Jason Brian Dalton）正利用作案间隙接单搭载乘客。因为当时其言行异常，乘客联系了优步，但是优步并未做出任何处理，最终导致悲剧发生。某位乘客的男朋友还曾将司机的照片发布到社交网站上，提醒大家不要乘坐该车。

每当类似事件发生，都会引发关于"难道匹配服务就不应当承担责任吗"的争论。他们赚取丰厚的佣金，在全世界各个城市拓展业务，热衷于与政治家和利害关系者博弈。但是在安全标准的设定上究竟需要严格到何种程度呢？虽说是共享，但是在迅速发展的商业化面前，谁都不是单纯的共享者。

优步推行的送货到家服务（UberEats），在日本很受欢迎。蹬着自行车，背着印有"UberEats"标识箱子的骑手们，成了城市中的一道日常风景。但是，承担配送业务的都是签约者，与优步公司并非雇佣关系。如若在配送过程中遇到事故，或是遭受人为伤害，都无法享受保险理赔。

笔者并非认为车辆调度和配送服务不好。笔者想说的是，将风险全数推给签约者，获得的收益只分给股东和自家公司的这种模式，绝非"共享"，只是"经济"而已。

集资 13 亿美元的诈骗公司

2019 年 5 月，优步在纽约证券交易所上市，但是公司持续亏损，不见扭转。有专家指出，在自动驾驶汽车投入使用之前，优步这样的车辆调度服务很难盈利。

对于投资家认为的有发展前景的初创公司，即便无法变现，风投公司也会投入巨额资金，不断抬高其市值。当然，有些以研发为主的项目，变现确实是需要时间的，所以，并非所有的投资都有问题。笔者也并不反对投资发展潜力大的企业。

但是，很多创业公司只是一味提高企业估值，不断融资，有时还会发生创业者的道德危机事件。初创公司评价服务机构达塔瓦斯（datavase.io）发布的健康科技类初创公司 2018 年破产排行榜令人深思。

从排名第 13 位的塞琳药业（Cylene Pharmaceuticals）到第 3 位的比洛克西医疗（Biolex Therapeutics），募集的资金为 100 亿至 200 亿美元。第 2 位的卓棒公司（Jawbone）募集了大约 9 亿 8379 万美元。而排名第 1 位的提拉诺斯公司（Theranos）竟募集了大约 13 亿 6850 万美元。

GAFA 后时代

创业公司失败的原因主要有市场误判，服务或产品不合格，长期研发融资失败，等等。但是，排名第一的提拉诺斯公司失败的原因却是诈骗。

提拉诺斯公司的创始者伊丽莎白·霍尔姆斯（Elizabeth Holmes）效仿苹果的创始者史蒂夫·乔布斯，总是一身黑色高领毛衣和马甲，用充满魅力的演讲征服听众。该公司宣称其利用小型诊断设备"爱迪生"（Edison）可以"通过指尖的一滴血检测出 200 种疾病"，它从风投和知名投资者处募集了巨额资金，但其研究数据都是通过篡改或是捏造得来，实际上并未生产任何实物产品。

笔者曾在柏林听过提拉诺斯公司的原研究员也是内部揭发者之一埃里卡·陈（Erika Cheun）的演讲。陈只在提拉诺斯公司工作了 7 个月，目前正在应对提拉诺斯公司原经营层提起的诉讼。

据陈说，提拉诺斯公司内部以部门为单位实行严格的分工制度，员工无法知晓邻近部门的工作内容。员工和公司签订了严格的保密协议，泄露本部门信息会遭到起诉。除公司高层外，没有人知道为什么要做这些以及自己从事的是什么。霍尔姆斯不仅模仿乔布斯的高龄黑毛衣，还效仿了他的极端保密主义。

在这样的情况下，产品真的存在吗？陈逐渐产生了怀疑。他一点点从其他部门的员工处收集资料，最终确定提拉诺斯公司是一家虚假的公司。陈等人向保健局告发了提拉诺斯公司，提拉诺斯公司被吊销临床检验许可证，之后，联邦检察院对霍尔姆斯等人以诈骗罪提起了诉讼。

对霍尔姆斯的审判原定于 2020 年夏执行,受新冠疫情影响,延迟至 2021 年执行,具体时间未定,有人指出她将会面临最高 20 年的有期徒刑。陈如今成立了一个名为"企业家道德"的社会团体,致力于提高创业者的道德水平。

提拉诺斯公司的失败诚然在于霍尔姆斯等人的欺诈行为,但也隐隐反映出当下硅谷存在的一些问题:白人女性只担任首席执行官职务;缺乏核心科技和科学的验证与调查;风投和知名投资人一味投入资金。

回声室效应使思想越发偏颇

以 GAFA 为代表的硅谷平台方们的企业道德问题已经备受质疑,这在前文已经做过了论述。大家质疑的不仅仅是这些企业独享利益,还有平台方主导之下当今互联网的信任缺失。对于互联网信任缺失的恐慌正蔓延至全球。

曾几何时,互联网的理念在于所有人都可以在平台上共享信息。但随着搜索引擎和社交工具的普及,提供平台的企业开始对信息的流转制定规则。

典型的例子还要数脸谱网。在脸谱网上显示的用户好友推文,并非完全依照时间顺序。优先显示的是经常点赞的用户或是系统判定与该用户观念相似的用户的推文。

拿 2016 年美国总统大选来说，特朗普的支持者会频频收到支持特朗普的推文，特朗普的反对者则常常收到反对特朗普的推文。发布者看到身边有如此多与自己持同样观点的人，安心感倍增，在脸谱网上的停留时间也会相应变长。这样，用户便看不到与自己持相左观点的人发布的消息。观点和喜好如回声一般得到回应并不断扩大，这种现象被称作回声室效应。但从脸谱网的角度看来，用户的停留时间越长，广告出现的频率越高，收益会相应增加。

并非只有脸谱网会通过算法将用户的喜好扩大化。谷歌的视频服务平台油管（Youtube）也会基于用户的观看历史推送视频。利用这种特征，将性镜头、暴力场面披上儿童可观看的外衣上传至网站上的恶劣行为频频出现，这种视频被统称为艾莎门（Elsagate），油管也正在谋求应对之法。不过，推送算法是提高播放量的法宝，不可能弃之不用。

搜索引擎等的检索结果也受提供服务平台方的算法和架构的影响。例如人人都可以在维基百科上新建词条，还可以自由修订错误信息，这种理念相当棒。

但结果是，这个架构使得拥有时间和金钱的人或者组织可以更容易对信息进行编辑。维基百科频频发生持不同意见的人针对同一词条同时进行编辑的"编辑战"，如果"编辑战"过于激烈的话，词条会被锁住，但是处于这个节点的内容不一定是公正的。尤其是关于异端宗教的描述，可以说是一直在变。常常是刚编辑过的内容，马上就会被修改。

如果词条被锁住时显示的内容对别有用心之人有利的话就比较糟糕了，即便页面会有提示也无济于事，因为除非是知情人士，其他人包括首次检索该词条的用户是很难判断该内容的正确性的。如果该内容出现在谷歌的检索结果中，错误的信息便可能逐渐被当作事实传播开来。即便信息素养十分优秀的人也很少会有足够的时间去一一验证。

加之脸谱网和推特还有点赞、分享、转发等可以急速传播信息的机制，失实的信息未经过验证，仅仅凭着用户当下的情感，便可扩散至全世界。这个信息传播系统缺乏负责验证的机制以及界面、体验方面的设计。研发出转发功能键的前推特研发员克里斯·韦瑟雷尔（Chris Wetherell）对自己的这项工作后悔莫及，他表示，这"可能把装有子弹的枪交到四岁孩童的手中"。

互联网泡沫和市值至上主义的产生

这里先简单回顾一下以 GAFA 为代表的大型信息技术企业集群是如何诞生的。

GAFA 后时代

1939 年惠普公司成立，20 世纪 70 年代中期比尔·盖茨创办了微软公司，史蒂夫·乔布斯开创了苹果公司……美国西海岸一直都是繁华的信息技术公司的缔造者之地。不过，像如今这般通过信息技术与资本主义结合而孕育出大型平台，要追溯至 20 世纪 90 年代后期的搜索引擎之争。

1994 年，斯坦福大学的两名学生杨致远和大卫·费罗（David Filo）创立了雅虎，最初，雅虎只是一个网站目录（地址目录）。现在可能无法想象，在雅虎出现以前，连搜索网站的简单方法都没有。用户都是从论坛或是新闻组（按主题分类的信息目录）收集信息，建立各自的书签，再访问网站。

当时的雅虎用人工识别网站，然后推介给用户。按照类别层级将网站链接分别整理好，称得上是网站指南。用户只要前往雅虎，就能获得所需的信息。1995 年雅虎法人化后迅速发展，1996 年上市，市值在 2 年间增至 6 倍。

雅虎成功之后，各式搜索引擎服务竞相出现，并从风投公司获得大量投资。《连线》的电子版，也就是全球首家在链接中插入广告的电子杂志《热线》（hotwired），就选择了英克托米引擎（Inktomi）。除了英克托米引擎，阿尔塔维斯塔（Altavista）、埃克塞特（Excite）、来科思（Lycos）、搜信（Infoseek）等具有搜索功能的门户网站纷纷加入了竞争行列。

以雅虎为代表的第一代搜索引擎是依靠人工登记网址的目录型搜索引擎，随后，诞生了全文搜索型搜索引擎，这种搜索引擎利用一种名为爬虫的程序自动抓取网站的信息并将其列入索引中，用户只需输入关键词即可检索出所需网站。英克托米引擎、阿尔塔维斯塔网站便是其中的代表。

笔者大概在 1999 年曾前往硅谷进行采访，当时的搜索引擎公司比如埃克塞特都将办公室设在豪华大厦之中。当时不仅仅是网站，有线电视台等也需要借助搜索引擎之力，拥有多用户同时接受反馈技术的企业也将办公室设在巨型大厦里，员工食堂仿佛高级酒店的冷餐会一般。当时可以真真切切感受到大量资金涌入与搜索引擎和内容发布相关的新创公司之中。

不过，此时的各个搜索引擎企业还未成功变现，首席执行官常常更替，商业模式也未确立。不过，投资家对搜索引擎的期待值十分高，将从风投处吸纳的资金融入企业资本之中，使得上市前其资产评估值远远高于标准。虽然未确立商业模式，但只要拥有大量用户而且市值高的话终有一天会变现的，这种市值至上主义已然确立。1995 年至 2000 年纳斯达克的股票市值上升了 400%，达到了史上最高的 5048 美元。

然而 2000 年 4 月，以搜索引擎企业为主导的互联网泡沫破灭了。2000 年 3 月达到最高值的纳斯达克跌落了 25%，2004 年 10 月，跌至 1114 美元。

互联网泡沫破灭的背后是创立于 1998 年的谷歌的崛起。该公司于 2002 年开创了检索联动型广告模式，2003 年开始了内容联动型广告模式，这些商业模式至今仍是谷歌的支柱产业。

迈向由消费者自行创造内容的时代

虽然 2000 年互联网泡沫破灭，但从内容看，2000 年前后的互联网正处于巨大的变革之中。若用一句话概括，应该是"从阅读到输入"吧。

黎明期的互联网对大多数人来说仅限于"阅读"。普遍的模式是由部分领先用户成立网站，撰写一些罗列超文本标记语言（HTML）的报道（日本于 20 世纪 90 年代末成立了"2 个频道"，诞生了通过论坛进行交流的独特文化）。

不久，按照时间顺序推介新闻等话题，并能进行评论的模式受到了欢迎。这种网站渐渐被称作网络日志（Weblog）或博客（blog）。生成博客的工具和服务不断出现，在网上发布信息的门槛逐渐降低。

1999 年，皮雷实验室（Pyra labs）开始了租赁博客服务博客人（Blogger）。2001 年与 2003 年，名为活字版（movable type）和文字刻录站（word press）的博客工具相继出现。博客人于 2003 年被谷歌收购，皮雷实验室的联合创始人埃文·威廉姆斯（Ev Williams）离开谷歌后创办的平台正是推特。之后他从推特离职，成立了个人信息发布平台米迪姆（Medium）。

同时，20 世纪 90 年代后期出现了一种不同于博客理念的、名为维基（Wiki）的信息共享机制。博客多由网站的运营者编辑文章，访问者在文章下发表评论。而维基允许访问者自由编辑网页，可将别处的内容链接粘贴于维基内容中，也可以将维基网址粘贴至他处。2001 年，使用维基机制的百科全书——维基百科登场，现已成为全球最大规模的维基网站。

博客和维基的诞生，使得网上的内容量飞速增加。不仅仅是有干劲儿的记者或是技术人员，普通人也可以很便捷地在网上发布日常生活或是饮食等各式信息。

2005 年蒂姆•奥莱利（Tim O'Reilly）提出的"Web 2.0"一词，准确捕捉了 21 世纪最初几年互联网发生的变化。他认为 Web 2.0 的特征有以下几点：

- 网站即平台

- 利用大众的智慧

- 数据是次世代 ① 的"内置英特尔"（intel inside）

- 程序设计模式轻量化

- 跨设备使用的软件

- 丰富的用户体验

---

① 次世代：日语衍生词汇，指下一代。大众常说的次世代科技，指目前技术还不成熟，在社会上还没有普遍应用。

Web 2.0 并没有严格的定义。信息的发送方和接收方身份开始流动，是 Web 2.0 潮流的关键所在。

消费者并非单方面接受媒体发送的信息，消费者自身也可以是创作内容的"用户原创内容"（UGC，User Generated Contents），这已成为网络商业的常识。

苹果手机加速了实时化

完成了"从阅读至输入"的转变后随之而来的是"实时化"。2000 年以前的网络并非即时的。虽然谷歌已经开始提供服务，普遍实现了可以自行检索全网，收集内容，但是自搜索引擎收集到上传至网站上的内容再反馈为检索结果，这个过程需要一天乃至数日不等，时间滞后十分严重。

博客普及后，可以快速更新网站最新信息的机制也随之出现。一旦博客和新闻网站发布了新消息或是更新了原消息，就会自动生成一个名为"订阅"的文件，"订阅"中包含了消息的更新日期和概要（有时是全文）等数据，博客的订阅者只需提前将"订阅"放到名为"订阅器"的工具和服务中，无需打开浏览器，即可实现高效阅读。

虽说订阅功能可以顺利接收到网站的更新内容，但是何时知晓信息有更新，还取决于订阅者登录订阅器的时间，所以很难称得上及时（Podcast 是采用订阅器机制的成功案例）。

改变这种状况的机制之一是 2005 年开发的 PubSubHubbub ［2017 年名字变更为 Websub，2018 年因 W3C（万维网联盟，致力于网络技术标准化的非营利机构）的建议成为通信协议］。通过 PubSubHubbub，网站的信息更新飞速提高，这里就不具体阐述了。在此基础上实现进一步提速的是苹果 2007 年发售的苹果手机。

在苹果手机出现以前，已经有了可以联网的手机。随着日本电信公司都科摩（NTT docomo）的 i 模式（I-mode）的普及，手机实现了发送带照片的邮件以及浏览网页的功能。i 模式还搭载了非接触式智能卡菲力卡芯片（felica）及全球定位系统（GPS），因此拥有日本交通卡（suica）等电子货币功能以及定位功能。即便如此，i 模式仍未能成功走向世界。

然而苹果手机因其便于操作的多点触碰用户界面，兼具电脑的联网功能，以及应用软件（app）这种生态系统，很快成为全世界的大热产品。

便于操作是苹果的内核所在，它其实是受其他公司启发得来。20 世纪 70 年代，施乐帕克研究所（Xerox Parc）进行一项名为"桌面比拟"的研究，试图将操作界面设计成放着铅笔和笔记本的桌面一般，如此，即使是电脑新手也可以凭直觉进行操作。帕克研究所的这项研究对苹果的个人电脑麦金塔计算机（Macintosh，即 Mac 电脑）影响很大。苹果创立者史蒂夫·乔布斯从该研究所离职后成立了名为下一家的公司（NeXT 之后被苹果收购），开发了基于尤内克斯（UNIX）的操作系统下一步（NeXTSTEP）。拥有先进编程思维、界面简洁的下一步，正是如今的 macOS（苹果电脑搭载的操作系统）和 iOS（苹果手机搭载的操作系统）的前身。

　　苹果的创新之处乃至乔布斯的创新之处都在于，比起机体以及机体中的硬件，更注重用户界面也就是用户体验的设计。苹果一直致力于无须说明书的直觉操作，随着处理器和硬件的发展及小型化，其业务也拓展至低消费的家电领域。先于苹果手机发售的操作简单、只用来听音乐的产品苹果播放器（iPod），便是其开拓普通消费者市场的排头兵。

　　在苹果手机发售的同一年，也就是 2007 年，谷歌也推出了手机应用平台"安卓系统"。之后，各式各样的应用软件交易逐渐在苹果的 iOS 系统和谷歌的安卓系统中进行。

　　全球定位功能和拍照功能、录像功能是智能手机的标配。与电脑相比，智能手机与用户的紧密度要高得多。用户可以将当下的所见所感直接传达给友人。社交媒体推特和脸谱网也不断推进智能手机业务的开展，上网的主要设备已经完全从电脑转为智能手机。

　　用户不断将带有位置信息的照片发布到社交媒体上。通过点赞、分享、转发，这些照片可以瞬间传播开来。用户在智能手机上看到了想买的物品，可以在浏览评价时便将物品买到手。媒体和广告商可以根据用户的兴趣爱好和当前所在位置，及时发送激起用户浏览欲望的内容。

从用户处免费获得的个人信息和内容，为平台企业带来了巨大收益。只要吸引了用户的眼球，便可以赚得盆满钵满，从眼球经济（用户的关注度越高，收益越高的商业模式）这点来看，早期投资互联网相关企业的投资家的眼光是正确的。

美国国策助推 GAFA 巨大化

大型信息技术企业掌握着大量的包括兴趣爱好在内的用户个人信息，运用科技手段可以对这些信息充分利用，这些企业因此会获得大量融资。有了融资就可以进一步发展技术。如此循环往复，便诞生了被称为 GAFA 的平台企业。

资本主义和科技结合以后，全球性的数据中心得以建成，物流网得到完善，高品质设备可以送到全世界的消费者手中。虽然消费者通过 GAFA 提供的服务和产品可以获益，但被其支配的弊端也逐渐显露出来。

例如，近十年来新创公司的成长路径发生了很大变化。曾经的 GAFA 也是新创公司。只要有想法有闯劲儿，小型新创公司成长为大型企业也不是不可能。

然而，如今的新创公司，都摆脱不了被 GAFA 等平台企业收购的归宿。一般来说，新创公司开始提供服务后，只要有了一定的用户黏着度，或是推出了某个受关注的产品，便会收到来自 GAFA 平台企业的收购方案。

有些公司被收购后会进一步发展，比如谷歌收购的油管以及脸谱网收购的照片墙（instagram），不过被搁置的公司也不少见。在拥有雄厚资金的平台企业看来，仅仅用微不足道的金额收购初创企业就能将优秀的人才纳入麾下 [以获得人才为目的的企业收购，被称为 acqhire，此词为 acquire（获得）+hire（雇佣）的合成词]，非常划算。如果收购的企业可以火起来固然是好事，即便不能也相当于消灭了一个潜在的竞争对手。

曾经，进行垂直整合的企业占大多数，而平台企业则通过水平拓展业务吞并新创公司和竞争对手。以检索为主要业务的谷歌不知何时开始了地图服务，并在其上投放广告。如若在用户的邮件中检索到与飞机票预订相关的信息，还会自动为用户提供包括目的地旅游信息在内的谷歌旅游（Google Travel）服务。

当然，平台企业获得如今的地位并非通过不正当手段。反垄断法和反不正当竞争法是为了防止企业之间相互勾结、不正当抬高价格或是损害消费者利益的法律，并不适用于平台企业。为消费者免费提供便利服务的企业，并非两法的规制对象。

实际上，此发展脉络也与美国的国策是一致的。20 世纪 80 年代，美国想要将日本的汽车和家电、高科技产品驱逐出市场，结果却是，美国放弃了硬件行业，转而做强软件行业，平台企业就是在这样的背景下振兴的。于是，抑制复合型大集团的方针被忽视，他们开始吞并各式各样的企业，越来越庞大。

"快速行动"是平台企业的信条，而这正是日本企业最不擅长之处。以谷歌为例，首先上线服务，待收到来自用户和社会的反馈后再进行完善，谷歌正是以一种无法想象的迅捷做派发展壮大的。

举个例子，2005 年，谷歌擅自扫描作者的著作，并将电子版公开。在未提前与相关人士沟通的前提下突然推出了谷歌图书（Google Books），只轻描淡写一句"如有疑问请联系我司"。此事引起轩然大波，全美作家协会和全美出版社协会对其提起诉讼。印象中笔者也收到了日本出版社关于此事的联络。诚然，已经公开出版过的内容，是否要将其电子化付之于众是作者的自由，这也是呈现方式的选择之一。

诉讼在美国最终达成和解，谷歌支付 4500 万美元的赔偿金。他们在自身以外的领域提出（确切地说应该是早已实践）了新观念："如果这样对用户有利呢？"这一观念打破了以往的模式。这种做法在排他领域捅了一个窟窿，很是大快人心，但是却忽略了因此引发的文化摩擦和个人信息主权。平台企业有时隐约还会流露出"我们是正义的"的自豪之感。

何谓平台企业的"炼金术"？

平台企业的繁荣发展，清晰地反映出资本主义的弊病。那就是运用信息技术的平台企业，通过"炼金术"不断提高市值。

拿推特来说，自 2006 年成立以来，直至 2017 年第 4 季度一直处于亏损状态。原因是其尚未确立商业模式，不知如何变现，只是一味追求用户数的增加。

平台企业只要成功了，便可被视作从事具有高收益率的商业。与从事物品交易的商业不同，平台企业只需将互联网上的数据和数据进行匹配，无需追加成本便可提高收益。如若需要设立与顾客进行沟通的呼叫中心，外包即可。而硬件制造业和基础设施产业，为了防止事故发生，需要倾注大量的资金和资源以保证包括耐用性在内的产品质量。

如果平台方提供的服务引发了纠纷，又当如何呢？

说到底平台企业提供的仅仅是平台，是用户之间交流的媒介，并不对每句发言、每项交易都负有责任，如若收到律师的质询，只需提供通信记录即可。对于平台企业来说，需要做的就是提高投资者的期待值，让他们相信，只要用户数持续增加，总有一天是会变现的，如此不断从投资者处募集资金用于拓展事业，市值也在快速增加。

待平台企业的市值增加后，便可利用资本收益着手推进下一步。如前文所述，可以轻松收购技术和服务前景好的新创公司。因为其本身已经拥有庞大的用户数，也具备了将收购来的服务纳入自身轨道的基础。

不仅是 GAFA，之后登场的平台企业，多多少少也是用这种手法提高企业价值。优步是这样，爱彼迎也是这样。冷静想一想，将未来可能获得的价值寄托于市值的平台企业，真的具有特别的核心竞争力（核心技术和特色）吗？不得不对此打一个问号。

那么，市值低的企业，就欠缺这种核心竞争力吗？并不尽然，有一些企业拥有优于高市值企业的技术和服务，并以此获得了一席之地。

从数字角度说，网络效应（产品和服务的价值取决于用户数）的胜者更容易胜出。因为市值高就具备了接下来投资的资本，具备了竞争者无法企及的优势。直接的结果就是，市值高的企业的价值，就如同大面额的纸币一般，大家都会认为其"价值高"。

服务和产品的用户数增多，价值便会进一步提升，这样很容易自某个节点开始出现垄断现象。这就是赢家通吃（winner take all），早早拔得头筹便成为重中之重。因此，潜力股的企业即使初创不久也要积极筹集资金。由此，诞生了技术官僚精英（technocratic elite）。

这是一种技术统治论（technocracy）。技术统治论指的是，通晓科技的专家，代替资本家和政治家来支配和管理社会的思想。

谷歌采取的网页排名算法，便是检索结果的价值标准，排名靠后的企业，从科技角度来看价值就低。无论对社会做了多么有益的事，如果不在网上宣传的话，其价值几乎等于零。

若要提高价值，就需接受技术统治论，知晓其原理并奋发努力。然后，需要通过搜索引擎营销（SEM，Search Engine Marketing）获得收益。这些平台方在自己的机制中制造"饥饿"状态，并通过填满它的服务赚取利润。

引领世界的技术官僚精英

让我们进一步讨论一下，高市值企业究竟可以给社会带来多大的价值呢？

形势一片大好的平台企业，可以用高额报酬从全球网罗优秀的工程师和管理者，也许还会雇用大量在大型仓库中分拣货物的工作人员，也有可能会雇用骑手提供送货上门服务。

确实，平台企业可以带动就业。然而，如果只有部分优秀工程师和管理者（技术官僚精英）可以获得高额工资，除此以外的工作人员拥有的只是少得可怜的工资和不稳定的生活，又当如何呢？此外，从初期就投资平台企业的股东越来越富有，他们利用巨额资金从中斡旋，鼓动政治家制定对自己有利的规则。

2019 年 8 月，因涉嫌性虐待被起诉、收押的美国富豪杰弗里·爱泼斯坦（Jeffrey Epstein）在狱中自杀。爱泼斯坦不仅让自己身败名裂，还震荡了许多领域。爱泼斯坦是特朗普总统、比尔·克林顿前总统、英国安德鲁王子的好友，还是先进科学研究的赞助商。

比如，麻省理工学院媒体实验室。有报道称，媒体实验室所长伊藤穰一从爱泼斯坦处获得了提供给媒体实验室和个人的资助，但是却未向学院汇报。伊藤因此引咎辞去了媒体实验室所长以及在其他组织担任的职务。还有笔者曾采访过的"人工智能之父"马文·明斯基（已故），据说也同爱泼斯坦有来往，审判的证言中还提到了他有猥亵少女的行为。

透过这个事例看到的是，科技和资本主义紧密联系在一起的技术统治论的世界。

市值至上主义让掌握各项专业技能的技术官僚精英阶层感到自己无所不能，他们与欲与之同行的吹捧者，多多少少都会影响我们的未来。

曾经的汽车、航天，还有之后的互联网，富于开创精神的美国创业者们在不断开拓新天地。尤其是 20 世纪 80 年代，在制造业上完败于日本的美国，转向加强信息技术等技术领域和知识产权方面的投资，政府也对此大力扶持。这在本书已做过论述。

然而，在这个过程中资本主义的欲望愈发膨胀，规则逐渐丧失。2007 年的次贷危机、2008 年的雷曼兄弟银行倒闭，引发全球性经济危机。原因之一便是投机分子利用复杂的金融工程学，将低信用债券商品化，然后在市场上铺开。对于发生的一系列金融危机，虽然出现了问责金融机构的声音，不过美国政府还是对美国保险集团施以援手，且未有人因此被捕。

迈克尔·摩尔（Michael Moore）在纪录片《下一站侵略哪儿》（*Where to Invade Next*）中，为了寻求解决美国问题的办法，遍访欧洲诸国。其中的一个国家是冰岛。受次贷危机冲击，冰岛经济濒临崩溃，然而后来顺利实现了复苏。接受摩尔采访的检察官奥拉弗尔·豪克松（Olafur Hauksson）讲到，冰岛经济复苏的原因之一是将所有胡乱投资的金融从业者全部逮捕。与之形成对比的是，美国因次贷危机被起诉的银行家少之又少。

豪克松对震惊中的摩尔说："这都是从美国学来的。"在 20 世纪 80 年代后期美国爆发的储贷协会（Savings and Loan Associations）危机中，联邦政府的检察官比尔·布莱克（Bill Black）便是自己的榜样，豪克松对摩尔如是说道。

侵蚀我们时间的"微遮断"

事实上技术统治论极大地改变了全球的货币流动。比较直观的要属全球市值百强企业排名了。1989 年在全球市值百强企业排行榜上居于前列的是以日本电报电话公司 NTT 为榜首，包括日本几个大型银行、丰田等在内的日本企业。然而，到了 2018 年，前十名中完全不见日本企业的身影，丰田只排在第 35 位。前几名则被 GAFA、中国平台公司、美国金融企业占据。

计算机和互联网诞生之初，在很多人的设想中，科技将会带动生产力提高，人们因此能获得更多的空闲时间。然而反观当下，科技却让人愈发忙碌，愈发窒息。

20 世纪 90 年代，邮件刚开始普及之时，还是一片祥和的氛围。如今笔者仍会怀念接到"还未收到您的邮件"的电话。

邮件是一种非同步交流手段，与电话不同，邮件的收件方可以在自己方便的时间查看内容然后回信，也就是说自己可以掌握自己的时间。

然而，21 世纪初网络实现了即时化，一切也渐渐发生了改变。随着社交媒体、即时通信等可以随时取得联系的工具的诞生，网上充斥着大量信息，即时处理这些信息也逐渐变得很有必要。

笔者的苹果手机便会不时收到来自 Whatsapp、telegram、slack 等即时通信或聊天工具以及脸谱网、领英（LinkedIn）、推特等社交媒体的信息，未读消息的数量与日俱增。参与的项目越来越多，若想处理所有的信息，就要将一天中的部分时间花费在上面。因此，会从优先级别高的信息着手，然而，一天结束后，又会出现新的事情和工作，然后就一直永无终点地转圈。

GAFA 后时代

若是邮件，回复得稍晚一些也没有人会生气，但若是即时通信或聊天工具，发消息者能看到消息是否已被阅读。曾经，只有部分极客①会对这种即时交流工具进行逐一确认，然而如今所有人都不得不看。

当然，笔者也得益于此，可以著书、调研，还可以与从未谋面的人进行交流。更贴切地说，笔者一直最大限度地利用着这个便利。不过，笔者最近的感触是，与其说"利用科技"，不如说"被科技利用"。

有一个词叫"看不见的家务"，指的是一种劳作，一种只是还未命名的家务。比如，我们将家务进行拆分，按照购物、清扫、洗衣、料理等进行分类。接下来再试着将与各项家务相关的工作都罗列出来，然后对其进行细化分解（Work Breakdown Structure），便会发现有许多叫不上名字的劳作。比如，订购用完的清洁剂、将替换装倒入容器中、检查冰箱以记录第二天应买的物品，等等。

同样，科技中也有"看不见的工作"。比如要想对视频进行编辑，需要先将录制好的媒体资料整理好，然后再将其上传至电脑中。此外还有数不清的必须牢记的关键点，电脑也不是买来后马上就可以投入使用。可以说，我们在享受工作和生活的同时，也做了大量

---

① 极客（Geek）：形容对计算机和网络技术有狂热兴趣并投入大量时间钻研的人。——译者注

"为了使用数字工具所需的看不见的工作"。

对于大部分的家电和日常用品，无论功能多么齐全，我们也不会将所有的功能都用个遍。这已经大大提高了生产力，然而，数字工具对生产力的提高更是仿佛永无止境一般。不过，虽说生产力在某种程度上得到了提高，但是每当我们使用数字工具时它们便会侵蚀我们的时间，分散我们的注意力。

我们究竟为何要使用这种数字工具呢？大多数人的理由是因为它流行。公司引进的东西，也是因为流行才购买的。此外，如前所述，因为网络效果，使用者越多，人们越觉得其有效。

然而，如果我们的选择是无意识的，总有一天，我们会像对待水和空气一般对待数字工具的存在，一旦我们进入这样一种状态，就很难对数字工具进行批判了。然后，我们会允许数字工具将我们日常生活中的行为切割得异常琐碎。我将其称为"微遮断"。微遮断会侵占家庭就餐时间、开会时间、睡眠时间乃至我们的所有时间。

从长远角度看，会给人类的精神世界带来何种影响呢？还未有相关讨论，学者也还未对此建言，但是数字化已经成为我们的日常。我们的生活已无法和亚马逊、谷歌、苹果手机、脸谱网割裂。可以说，我们之间是一种爱憎关系。有时做梦都想从它们之中解放出来，但是如若没有了它们我们根本无法生活下去。或许，在不久的将来，"安静"也会成为商品吧。

人类的神经网络无法即时处理上千条消息。作为硬件的大脑在这数万年期间，并未如何进化，但是需要处理的信息却多了好几位数。当下，冥想和正念①很受关注，想想还真有些讽刺。强制过不合理的生活，又通过正念的方式消除因此产生的压力，来尽力适应如今的社会。

听说硅谷的管理层和工程师十分沉迷于位于旧金山南部大苏尔的伊沙兰学院。

大苏尔曾是嬉皮士公社的所在地，是只有少数人知道的嬉皮士文化的圣地。这个 20 世纪 60 年代的公社如今作为非营利团体再次焕发生机。据说那里会举办裸体冥想、数字排毒、食用从有机菜园采摘的蔬菜等活动。

笔者还听闻有些在硅谷工作的家长实行去科技教育，比如限制自家孩子使用智能手机。接连创立了纳普斯特（Napster）和脸谱网等公司的肖恩·帕克（Sean Parker）也承认，社交媒体就是用来"让人沉迷"的。

虽说笔者对如今以 GAFA 为代表的互联网潮流持批判态度，但绝非要大家放弃科技回归自然。因为笔者相信可以让人获得幸福感的还是科技。下一章就让我们一同看看科技带来的新社会样态。

---

① 正念：指有意识地专注当下但不予任何评价。

第 2 章

勿错看区块链的本质

徘徊于集中化和分散化之间的信息技术

至今为止，信息技术多次徘徊于集中化和分散化之间。

1960 年以前，计算机还是置于计算室中神像一般的存在。进行运算时，程序员将程序写入穿孔卡片或磁卡中，交给系统操作员。大型计算机（大型主机）会依次处理系统操作员输入的程序，将处理结果输出于纸带等上面。这是一种与用户毫无交流，全部由大型计算机一次性处理的运行机制。

到了 20 世纪 60 年代，诞生了"分时"机制。多个用户可以分时共享大型计算机的处理能力。随着计算机在研究和商业中的应用扩展，小型计算机（这里的小型也只是与大型主机相比小一些而已）的数量也逐渐增多。不再是仅由一台大型主机处理全部任务，以部门为单位分别操作计算机的模式逐渐增多。

20 世纪 70 年代诞生的苹果计算机和康懋达公司生产的个人计算机，使个人拥有计算机变为现实。个人计算机最初主要是用于个人兴趣爱好，但随着 20 世纪 80 年代搭载了 16 位处理器的 IBM PC 的出现，个人计算机在商业界也很快得到了广泛应用。从此，全部由大型计算机处理的集中机制模式，逐步转向每个人各自利用计算机处理的分散化模式。

顺带一提，据说 IBM 的首任董事长托马斯·约翰·沃森曾于 1943 年说过一句话："我认为全球计算机市场大概需要五台计算机就够了（这句话本身貌似不太准确）。"

到了 20 世纪 90 年代，互联网开始在普通民众间广泛应用，存在于网络上某处的计算机，其实由某个人在某个遥远的地方操作，这已成为一件理所当然之事。正如上一章中讲的那样，互联网公司如雨后春笋一般相继成立，网上的数据量也呈指数级增长。网上的计算机资源，逐渐被称为"云"，渐渐地，如果没有"云"为我们提供服务，我们的工作和生活便无法顺利进行。

个人电脑、智能手机、平板电脑等设备，虽然具备了优于以前大型计算机的处理能力，但大部分的操作在云端完成，比如邮件和社交软件上的交流、计划表、文件共享、购物、游戏等。

所有操作都需要用到云端上的中央处理器和存储器，也可以通过云来验证是否为本人操作。设备（与电脑相关的机器）进一步分散化，同时，大型信息技术企业的集中化在进一步加强。可以说，第 1 章中讲述的各式各样的弊端，正是集中化过于向以 GAFA 为代表的平台方倾斜所带来的后果。

当然，通过云端处理庞大的数据是非常有必要的。然而，从本人识别到个人信息管理等操作都交由集中体系来完成，个人信息几乎是被无偿收集并成为变现的工具，然后变为特大型企业发展壮大的养分。想到这里，难道不会觉得不舒服吗？

本人管理本人信息，不仅仅是简单的保护信息，还可以利用信息并且享受由此带来的收益。现下，我们所追求的是能从过度集中的机制中夺回各自权利的分散化机制。

这种分散化机制应该如何实现呢？其实在很多场合已经进行了各式各样的讨论。

有"虚拟现实之父"之称的计算机科学家杰伦·拉尼尔（Jaron Lanier），在其于 2013 年出版的著作《未来属于谁》（*Who Own The Future*?）中，描述了"塞壬服务"的危险性。塞壬是希腊神话中的海妖，这种妖怪用美妙的歌声吸引水手，然后将他们杀害。同样，云服务以免费和方便为卖点吸引用户，收集个人信息，获得利益。欢欢喜喜享受免费服务的用户，根本不会注意到有人正在榨取他们的利益。

作为应对"塞壬服务"的对策，拉尼尔提出了双向链接系统。也就是说，每次有人访问了网站上的内容，原作者都会收到反馈。只不过，书中仅仅讲述了该系统的应用还需要借助"上都计划"（Project Xanadu，2014 年公开），这是由发明了超文本的泰德·纳尔逊（Theodor Nelson）于 20 世纪 60 年代开发的，却并未描述其具体的样子。

不过，如今分散化已非天方夜谭。因为，可以将拉尼尔描述的图景转变为现实的科技已经出现了。

重要的是区块链技术本身

区块链被认为是最有希望的技术。随着虚拟货币（加密资产）的出现，区块链逐渐为世人所熟识。

以中本聪之名撰写的论文《比特币：一种点对点的电子现金系统》在 2008 年发表之初并未引起世人的关注。等到以该论文为基础开发的开源终端应用软件上线，比特币得以利用后，才渐渐受到了网络工程师们的关注。加上加密资产兑换法定货币交易所的成立，21 世纪初期，比特币呈现出飞跃式发展。

比特币在日本为众人所知大概要源于 2014 年的"门头沟"（Mt. Gox）事件。这家日本的比特币交易所一度拥有全球最高交易额，然而，该公司的比特币和现金突然消失，公司经营出现破绽。虽然该公司的首席执行官马克·卡珀利斯（Mark Karpeles）宣称是遭受了黑客攻击，但是他仍被警方逮捕，"门头沟"事件也为大众所知。有报道称 2017 年在俄罗斯被逮捕的人可能是"门头沟"事件的始作俑者。

之后，包括比特币在内的加密资产经济仍继续扩张，2017 年出现加密货币泡沫。2018 年年初，1BTC（比特币单位）的价格突破 200 万日元，随后快速跌落。在不炒比特币的人看来，比特币等加密资产可能只是一种不入流的投机商品。

然而，加密资产最重要的是区块链技术本身。简而言之，区块链就是"分布式记账"，将交易以一种从理论上不会被篡改的方式记录下来，使其信用得以保证。区块链包括任何人均可以访问的无须许可的公有链，以及只有经过认证者方可访问的许可式私有链。比特币属于前者，其最特别的一点在于，并非由某个企业或是组织独自管理。也就是说，比特币既不像法定货币一般由国家发行，也不像在线支付服务商 PayPal 一般由企业运行。

因为保存交易记录的终端分布于世界各地，并非如集中型一般拥有特定的服务器和终端，因此，即便黑客想要发起攻击，从现实上讲，也近乎不可能。与之相对应的，很多黑客盯上了集中型的管理顾客数据和加密资产数据的交易所的漏洞，泄露事件接连发生。

进一步说，如果将区块链本身当作台账，那么货币应该是与区块链匹配度最高的应用场景之一，不过当下，区块链的应用场景已经越来越多了。其实，区块链这项科技的可能性早已远远超出"区块链 = 虚拟货币"这个框架，但是在日本，仍有很多人停留在以往的印象之中。

中本聪于 2008 年提出的区块链，可以称得上是超凡之思。不过，区块链所需的各技术要素，却并非他独自构思出来的。中本聪的贡献是将前人反复试错得来的各种概念和技术融合到一起，并指出其可作为货币使用的巨大价值。在区块链带动互联网进入新时代的当下，让我们一同回顾一下在区块链诞生以前，前人们都做了些什么。

关键词是"密码"。

追求自由的极客们，创造出了与区块链相关的密码。

"密码朋克"的特别预言书

1993 年，笔者为了《连线》杂志日文版的创建四处奔走。

首期日版《连线》以翻译美版为主，致力于介绍以硅谷为代表的科技趋势和文化潮流。方针是尽可能刊载美版文章，如果文章内容与日本实在无甚关联的话，有时也会被延期刊载。

被延期的文章之一，就有美版《连线》第 3 期刊载的专题文章《密码叛逆者》（*Crypro Rebels*）。作者是记者史蒂芬·列维（Steven Levy）。该作者撰写的数字化相关非虚构作品好评如潮，畅销多年，例如讲述追求理想的计算机少年们的《黑客：计算机革命的英雄》。笔者也非常欣赏他撰写的关于苹果 Macintosh 的文章。

《密码叛逆者》的开头是这样写的：

天鹅座支持（Cygnus Support）是一家通过为用户提供免费软件支持而快速发展起来的硅谷企业，其办公区让人联想到黑客肆无

忌惮的时代。（中间省略）

今天是周六，只有少数几个人来了公司。团队的"物理会议"在一间小型会议室召开，从那里可以看到建筑群的背面。而大多数成员都在网络空间的回廊上集合。

他们共同关注的问题是密码学中也比较神秘的领域，即密码和密码键研究。

不过，这个团队存在本身，也预示着这个领域将会越来越受关注。

"密码朋克"

"密码朋克"一词是团队的名字，也是最能代表他们的词语。

会议计划于 1 点召开，实际上到了 3 点才开始。（中间省略）

议题的范围很广，有最近的密码学会议上的报告，还有熵如何降低信息系统，等等。（中间省略）这些虽说是技术上的事，但归根结底——虽说并未明示——都与政治相关。为了公众福祉，有必要将这些事情诉之于众。

这间房中的人都在期盼着这样一个世界：从围绕流产的相关意见到医疗记录在内的所有个人信息记录，只有在本人有意愿公开的前提下才允许被查看的世界。信息可以通过互联网和电磁波在全世界流转，但是入侵者和联邦调查局搜查官却无法准确读取信息的世界。工具是用来保护隐私而非用于偷窥世界的。

若要实现这个愿景，方法只有一个，那便是密码技术的普及。这在技术上是否可行呢？毫无疑问是可以的。不过有一个阻碍是政治因素。（中间省略）聚集在这间会议室的都是支持密码发展与政治无关的探索者。战场看似遥远，但绝非与己无关。战斗的结果也许左右着 21 世纪我们的社会有多自由。对"密码朋克"来说，自由是值得冒险的。

有人呼吁"醒醒吧！""除了带刺的铁丝网，我们没有什么可失去的。"

1995 年 11 月，Windows95 日版发售，成为日本互联网普及的助推器。但是两年前，也就是 1993 年，互联网和网络这两个词，还不为世人所熟知。那时，仅有部分狂热爱好者热衷于电子通信。在日本互联网使用者人数，最多也就 200 万 ~300 万人。电子杂志刊载的也大多是"文字处理机器大作战究竟谁更胜一筹？是文豪[①]？OASYS 等文字处理专用机？还是电脑打字软件？"之类的专题文章。

为了将信息技术文化带到还处于信息技术黎明前的日本，笔者想到了创办日版《连线》，思虑再三后，还是觉得"密码朋克"这篇文章过于前卫了。人们如果没有接触过电子通信，身边又没有网络环境，本身就不了解网络这个概念，更遑论将流转的信息加密，在政府的监视下守护自己了！

还有什么国家企图独占加密技术，黑客们追求自由而奋起反抗？战斗的结果会左右 21 世纪的自由吗？

---

① 文豪：灵感来自美国文豪海明威的打字机。

处在当时的日本，人们根本无法理解《密码叛逆者》这篇文章。开玩笑地说，文脉如此偏离，确实无法出版。

当时笔者对《密码叛逆者》的理解是，这是一篇描述美国自由论者（奉行绝对重视个人自由的人）快速壮大并开展活动的文章。奉行自由意志主义（自由至上主义）的黑客们，主张通过科技实现信息自由。

25 年后，笔者也开始研究区块链，致力于推进其商业化应用，再次想起了这篇文章。重新读过之后，笔者发现《密码叛逆者》中出场的黑客们真的提出了很了不得的主张。

美国国家安全局前职员爱德华·斯诺登（Edward Snowden）揭发美国国家安全局会监听网络和电话，脸谱网将有选举权的用户的个人信息泄露给英国数据分析公司，这样的新闻每天都会被报道。如今，"密码朋克"所讲述的事情终于发展成现实。

《密码叛逆者》称得上是一本预言书。

公钥密码体制才是世纪变革

《密码叛逆者》还生动地描述了与区块链相关的技术要素的诞生过程。其中，最先被提及的是"公钥密码体制"这项世纪创新，足以见将其传达给普通读者的意义之重大。

20 年前，非政府人士，至少是不受政府管理的人，未曾在加密领域取得过任何重大成果。直到 1975 年，一个名叫惠特菲尔德·迪菲（Whitfield Diffie）的 31 岁的电脑奇才，想到了公钥密码体制这个新系统。（中间省略）

早在孩童时期，迪菲便如饥似渴地阅读一切可以收集到的与加密相关的书籍。（中间省略）在将当地市属大学图书馆中所有与加密相关的书籍读完之后，他对加密暂时失去了兴趣。不过，在 20 世纪 60 年代成为麻省理工学院计算机黑客社区的成员之后，这个兴趣再次被点燃。（中间省略）

作为麻省理工学院复杂的多用户计算机系统的管理员，迪菲当然费尽心力地想将该系统——存储着个人的研究成果，有时还包括一些与性相关的秘密——打造成真正安全的系统。

传统的上下型系统模式是设置文件密码，再将密码存入电子保管库中，由值得信任的系统管理员管理，对于这种系统模式，迪菲完全不满意。

这种系统的缺点很明显。那就是用户隐私的保护取决于管理员的意愿。（中间省略）

迪菲意识到，这个问题的解决办法在于分布式系统，即将保护隐私的密钥交由用户个人来保管。（中间省略）

迪菲预见到，将来人们不只会电子通信，还会从事电子交易。

GAFA 后时代

交易就需要电子合同和文件，但是，如何在非纸质、只由简单的 0 和 1 组成的字符串中进行"数字签名"呢？

1975 年 5 月，迪菲与斯坦福大学的计算机科学家马丁·赫尔曼（Martin Hellman）合作解决了这个问题。他们的方案被称为公钥密码体制。这是一项伟大的突破。系统内的所有用户都拥有公钥和私钥两个密钥，公钥无须顾虑安全问题，可以大范围分配。但是，私钥的保护比自动柜员机的密码还严格，不能泄露给任何人。

通过不可思议的数学原理，一方可以通过密钥还原另一方加密的信息。比如，如果我想给你发送一封安全的邮件，那么我可以使用你的公钥将信的内容加密，再将密文发送出去即可。你在接收后，再通过私钥将密文破译即可。（中间省略）

该系统还可用于认证。只有我本人才可以通过我的私钥将文本加密，如果能用我的公钥读取某个信息，那么毫无疑问，这个信息是从我的机器直接发送到你的机器的。也就是说，这个信息有我的"数字签名"。

迪菲与赫尔曼的论文提出了公钥密码体制的概念，但是却未阐述具体如何实现。之后，罗纳德·李维斯特（Ronald Linn Rivest）、阿迪·萨莫尔（Adi Shamir）和伦纳德·阿德曼（Leonard Adleman）3 人想出了可以实现公钥密码体制的具体算法，那便是以三人姓名首字母为名的"RSA 体制"。

RSA 体制出现之前，最强的密码体制是 IBM 研究所研发的数据加密标准体制（DES，Data Encryption Standard），1976 年美国政府正式采纳该密码体制。数据加密标准使用 56 位密钥的通用密钥，在采纳当初还引发了讨论，大家猜测政府是否留有后手可以自由阅览加密文章。

与之相对，RSA 公钥密码体制，不仅可以灵活变更密钥的长度，提高系统强度，还无须交换密钥。

RSA 安全产品被应用于各个企业，防止了政府对加密领域的垄断。不过有趣的是，加密方面的密码朋克们批判的矛头也转向了 RSA 公司。提倡加密民主化的密码朋克，不仅仅针对政府，也对某个企业独占公钥密码体制的相关权利表示担忧。

新研发的加密软件 PGP

处于运动中心的是菲利普 • 齐默曼（Philip R. Zimmermann，菲尔 • 齐默曼这个称呼更为人所熟知）。齐默曼曾因参加反核抗议活动被捕，是一个坚定的反政府活动家。关于研发新的加密软件 PGP（Pretty Good Privacy，优良保密协议）的初衷，齐默曼是这样描述的，这在《密码叛逆者》一书中也有引用。

GAFA 后时代

也许你正在策划一场政治运动，或是正在讨论税制，抑或是正在做违反法律的事。（中间省略）无论是哪种，你都不会想让其他人看到那些涉及隐私的电子邮件或秘密文件吧。保护隐私这件事是没有任何错的。（中间省略）

如果每个人都对"遵纪守法的市民必须用明信片写信"这件事深信不疑的话，会发生什么呢？主张用信封寄信保护隐私的勇士，会被投以质疑的目光。（中间省略）幸运的是，我们并非生活在那样的一个世界中。任何人都可以使用信封保护信的内容。（中间省略）

同样的，无论内容是否有危害，如果每个人日常都为电子邮件加密，就不会有人对加密的隐私进行质疑。这相当于是同步的。

如果有人说他能保护隐私，那么他一定不是守法的草根百姓。因为，情报机关拥有高超的加密技术，售卖武器的商人和毒品交易者也有。然而，普通人以及草根政治活动家是无法使用便捷的军用级别的公钥加密技术的，起码到目前为止是这样的。

1991 年 1 月，美国国会通过的参议院法案 266 号［提出本法案的议员之一是后来在奥巴马当政时的副总统乔·拜登（Joe Biden）］做出了如下规定。（史蒂芬·列维《密码叛逆者》）

国会认为，电子通信服务的提供者以及电子通信服务设备的制造商设计的通信系统，在法律允许的情况下，应当可以将声音、数据以及其他通信信息以明文形式提供给政府。

如此一来，只要政府有意愿，任何时候都可以看到通信的内容。于是齐默曼加快了 PGP 的研发步伐。

1991 年 6 月上线的 PGP，将公钥密码体制和通用密钥密码体制结合在一起。用随机生成的通用密钥给文章内容加密，再通过公钥密码体制将通用密钥发送出去。公钥密码体制的处理速度比通用密钥体制慢了不只一点点，通过将两者结合起来，就能兼顾安全性和处理速度了。

PGP 未经授权就使用了 RSA 公司所有的公钥密码体制，这引发了 RSA 公司的强烈抗议。但是此时，PGP 已经由网络被广泛应用，RSA 公司也只得转变方针，转向非商用领域。

PGP 还存在其他法律方面的问题。当时，美国以"加密技术是武器"为由禁止出口。但是齐默曼等人却将 PGP 的源代码印刷成书（根据美国宪法第一条修正案关于言论、出版自由的规定，联邦政府无权取缔出版物）销往国外，这样其他国家也开始使用 PGP。1997 年 12 月，联邦政府允许了 PGP 在国外应用。

笔者至今仍能回想起当时 PGP 的盛况。笔者不仅在网上发布了 PGP 用的属于自己的公钥，还尝试了数字签名。其实，日本几乎没有人用 PGP 给邮件加密，这种操作也并不普遍，即便如此，笔者一直都很关注迪菲和齐默曼等"叛逆者"的所作所为。

"叛逆者"创造了不可或缺的技术

迪菲和齐默曼等人所从事的活动，也对美国政府的方针产生了极大的影响。正如前文所述，美国政府将加密技术纳入管控，有着严格的出口管制，然而随着公钥密码体制的发明以及 PGP 的研发，美国政府的管控变得毫无意义。

除了放宽出口管制，最能代表美国政府对加密态度发生转变的，要数公开哈希函数 SHA-2（安全散列算法2）。

哈希函数，也称作散列函数，输入某个值，按照一定的顺序进行运算，会返回固定长度的输出值（哈希值）。

比如，将写有"こんにちは"的文本数据输入到 SHA-256（SHA-2下分出来的一种算法）中，会得到哈希值"125aeadf27b0459b8760c13a3d80912dfa8a81a68261906f60d87f4a0268646c"。如果删掉"は"，只输入"こんにち"的话，哈希值则会变为"57f28bada421a47926cd03115f5ea5d2869b0a83a9d72ca72ab641a3e44eca69"。

与原数据的长短无关，长度固定，即使只变更一个文字得到的输出值也完全不同，这些都是哈希函数的特征。与逐字转换的加密不同，运算过程中有信息缺失的哈希值是无法复原回源数据的。

哈希函数中有一种是便于加密和数字签名的加密哈希函数。加密哈希函数也被用于防止篡改。互联网上公开的开源软件，有很多使用的是哈希函数和哈希值。因为即便有人篡改了软件，又以同样的名字上传至网上，如果其哈希值不同，内容也与原本的软件不同。

此项技术也被用于比特币中，将交易记录哈希化，一旦发生篡改，便会被识别出来。

哈希函数一直被广泛用于各类安全系统之中，比较有代表性的要数 MD5（信息摘要算法）和 SHA-1。MD5 由罗纳德·李维斯特（Ronald Linn Rivest）设计，他也是 RSA 密码体制的研发者之一。不过，后来有人指出，MD5 和 SHA-1 无法确保十足的安全。

哈希函数的缺点主要在于"同义词"（synonym）。同义词指的是，虽然输入的数据不同，但是输出值却是相同的。因此，只要可以高效地找出互为同义词的输入值和输出值，便可以篡改文件。

基于此，美国国家安全局对 SHA-1 进行改进，于 2001 年公布了哈希函数 SHA-2。本书后面也会提及，比特币区块链中应用的正是 SHA-2 下分出来的 SHA-256。

在美国国家安全局将 SHA-2 定为标准之初，对此持怀疑态度的加密技术者绝非少数。有人怀疑美国国家安全局可能给自己开了"后门"，用于解读 SHA-2 的数据。然而，美国国家安全局不仅发布了 SHA-2 算法，还允许免费使用许可。很多研究者都对 SHA-2 的算法进行了验证，至今并未发现"后门"，慢慢地，越来越多的软件开始应用 SHA-2。

如果在 20 世纪 90 年代以前，很难想象美国国家安全局会为加密技术制定标准。毫无疑问，迪菲和齐默曼等"密码朋克"为加密民主化助了一臂之力。公钥密码体制和哈希函数成为保障互联网通信和交易安全不可或缺的技术，我们每天都在享受着这些技术带来的益处。被国家视作"叛逆者"的人，为后人创造出了生活中不可或缺的技术。

也可以说，为了市值和股东工作的人，未必一定能带来安心和安全。

仅仅 9 页的中本聪论文

话题回到区块链。

2008 年 10 月 31 日，一名自称中本聪的人在加密邮件列表（Cryptography Mailing List）中发布了一篇题为《比特币：一种点对点的电子现金系统》的文章。

我正在开发一种无须借助可信的第三方，完全点对点的全新的电子现金系统。

可以通过下方的链接查阅论文。

http://www.bitcoin.org/bitcoin.pdf

其主要特征是：

• 点对点支付可以防止重复支付。

• 没有造币厂以及其他的信用机构。

• 匿名参与。

• 新币基于哈希现金（Hashcash）机制的工作量证明（Proof of Work）生成。

• 生成新币的工作量证明亦可以用于防止重复支付。

这篇论文算上参考文献在内也才只有 9 页。

作者试图发行一种无国家背书的通用货币。那么，匿名之人撰写的论文是否可信呢？对中本聪论文感兴趣的网络工程师们，研发了比特币开源软件，开始使用比特币。

之后，可以将比特币兑换为法定货币的交易所成立，自此，不仅仅是狂热者，比特币还引起了普通投资家的兴趣。

不借助人的"信任"构建机制

对于因中本聪这样谜一般的人提出的机制而诞生的货币，一定有人会感到不安。其实，比特币以及比特币的基础架构区块链的关键在于，它展示了一种可能，那就是即使没有人的参与也可以达成"信任"。

这里，以比特币为例，简单说明一下区块链的机制。

如前所述，比特币不存在类似于中央银行的机制，包括货币的发行、个体的交易等在内的所有操作皆在 P2P（一种终端用户以对等关系直接连通，共享彼此的数据和功能的方式）网上完成。

提到 P2P，可能有些人会联想到 Winny 等文件交换软件。Winny 被用于传播违法动画和软件的事曾被大肆报道过，所以可能会给人一种不入流的印象。其实，P2P 本身是无所谓好坏的。

与 P2P 模式相对的概念是客户机 - 服务器模式。在客户机 - 服务器模式中，提供服务的计算机（服务器）承担数据保管和发布等任务，客户机介入服务器享受服务。一般来说，一台服务器可以连接多台客户机。

相对地，在 P2P 模式中，互联网中的计算机兼具客户机和服务器两者的功能，且两者为对等关系。某台计算机（结点）在从其他结点处享受服务的同时，也通常在为另外的结点提供服务。与一对多的客户机 - 服务器模式不同，P2P 模式构建了一个结点之间多对多的网络结构。

提供比特币软件下载的计算机（结点），在互联网上构建一个比特币专用 P2P 网，与所有结点共享记载货币发行和交易记录的"台账"。

具体来说模式如下。假设 A 给 B 汇款。A（A 使用的计算机亦叫作结点）会生成写有汇款金额的交易记录，并通过 A 的私钥完成电子签名。之后交易记录会发送给比特币 P2P 网中的所有参与者。

然而，交易记录有可能会被居心不良的参与者篡改。因此，比特币生成了包含数个交易记录的"区块"。区块中除了交易记录，还包括前一个区块的哈希和稍后会阐释的 nonce。因为这些区块呈锁链状连在一起，故称为区块链。

前文已经阐释过，哈希是由加密哈希函数算出的数值。若要篡改交易记录，哪怕只是稍稍改动了数据，哈希值也会变得完全不同，如此一来，改动便会被察觉。

然而，如果连同以前的区块在内将所有的区块都篡改了，也是可以伪造整个区块链的。而且，算出哈希值这件事，对于现在的计算机来说也不是什么特别难的计算。

因此，就需要通过 nonce 来保证可信度。nonce 类似于一种寻

"客户机 – 服务器模式"与"P2P 模式"的区别

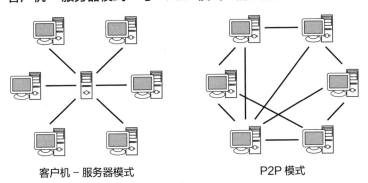

客户机 – 服务器模式　　　　　　　　P2P 模式

制作：Mauro Bieg
出处：http://ja.wikipedia.org/wiki/Peer_to_Peer#/media/

找符合特定条件数值的猜谜游戏。在比特币中，考虑到计算机的处理速度，nonce 大多数都被调整为 10 分钟左右可以解决的难易程度。找到正确的 nonce，生成新的区块，可以获得报酬，也就是比特币。为了获得报酬，P2P 网的参与者都会使用计算能力强的电脑，致力于早点找出 nonce（挖矿）。

计算 nonce，对计算机的计算能力要求很高。如果需要追溯到过去的区块对区块进行变更，必须进行庞大的计算。这样一来，还不如正正当当挖矿更划算。nonce 就是这样设计的。

生成的新区块被上传至 P2P 网，各结点对其是否真实进行验证。此项操作只需通过区块中的信息算出哈希值即可。一旦判定无误，便可追加进结点的区块链中。在 P2P 网，数据传送至各结点存在时间差，因此会出现不同的区块链，此时，最长的区块链会被认为是真实的。

如比特币区块链一般，这种通过互联网算力来验证真实与否的机制，即"工作量证明"。

关于量子计算机的量子超越性

以上简要介绍了区块链的工作机制，是不是比各位想象的要简单很多？还有像做游戏一般地寻找 nonce 也是。

区块链的关键，也就是基于公钥密码体制的数字签名以及哈希函数、基于 P2P 网的分布式技术，皆是比特币出现以前就存在的技术要素。

此外，验证区块链是否真实的工作量证明也是既有概念。此概念普遍认为是由亚当·贝克（Adam Back）于 1997 年提出的。中本聪在其邮件中提到了哈希现金，为了防止受到 DoS（Denial of Service，拒绝服务，通过对提供网页服务的服务器和网络等资源施加负荷、攻击其弱点使其无法正常提供服务的手段）攻击、收到垃圾邮件，邮件发送者通过哈希函数算法得到哈希值，然后再将用哈希值加密的邮件发出，此想法是首次提出。

收件人和外部验证者如比特币挖矿一般对哈希值是否真实进行验证，验证失败的话发件人会被列入黑名单。与此同时，对于发件人来说，因为要发送大量的邮件，每次获取哈希值都需要消耗计算机资源和时间，由此产生发件成本。如此，可以有效抑制垃圾邮件的发送，以上便是哈希现金大体的工作机制。

对哈希现金进一步溯源的话，可以追溯至 20 世纪 80 年代的数字现金，这是有"虚拟货币之父"之称的大卫·乔姆（David Chaum）提出的，他还于 1995 年成立了发行虚拟货币 eCash 的数字现金公司（DigiCash Inc.）。

之后，大卫·乔姆研发了抗量子计算机的区块链网络 Elixxir。亚当·贝克于 2014 年创立了致力于提高比特币处理能力的开发公司区块流（Blockstream）。这两家对比特币有着很大影响的公司都开始从事新区块链的开发工作。

在 2018 年于新加坡举办的全球区块链共识大会上，笔者亲眼看到了演讲台上的大卫·乔姆，这让笔者十分震惊。中本聪曾让比特币获得巨大成功，而互联网黎明期的前辈们则让其再一次回归大众视线，成为焦点。

虽说如此，机制如此简单的比特币可以不靠可信任第三方背书实现货币流转，最初很多人对此半信半疑。尽管发生过震惊世界的交易所加密资产被盗事件，但是，交易所采用的是非区块链系统。而且，自中本聪发表比特币论文起已十年有余，至今仍未出现成功篡改比特币本身的案例。

当然，并不是说比特币区块链是完美的。比如，比特币区块链中应用的工作量证明认为最长的区块链是真实的，但也有反过来利用该特性的"51% 攻击"手段。只要掌握了 P2P 网络中半数以上的算力，生成最长的区块链，就会被认为是真实的区块链。

虽说比特币还未遭遇"51% 攻击"，但是采用工作量证明的萌奈币（MONA）以及比特币黄金（Bitcoin Gold）等其他加密资产，已经因"51% 攻击"蒙受了损失。

对于"51% 攻击"，最棘手的是，工作量证明会认定它是真实的。归根结底，工作量证明只是一种达成共识的手段。而且，工作量证明还有个缺陷，那就是每当验证各交易的真实性时，都需要庞大的计算机资源和电力资源，还无法同时处理大量交易。于是亚当·贝克的区块流公司提出了一个解决方案：构建一个与主链不同的侧链，与主链相连辅助主链处理数据。

比特币采用的是工作量证明，但是还有很多采用不同算法的区块链平台。与比特币并称双璧的加密货币以太坊最初使用的也是工作量证明，之后逐步替换为权益证明（Proof of Stake），预计 2020年之后会升级至权益证明 2.0 版。

以太坊的权益证明是以工作量证明为基础的，持有货币多的结点，可以优先生成区块。也就是说，持有的货币越多越有利，也留下了持有者伪造货币的隐患。然而，如果这样做了的话，自身持有的货币价值会下降，激励机制也不会起作用的。

有趣的是，无论是权益证明，还是工作量证明，关键都在于如何将大众心理纳入系统中。

还有一个与加密货币密切相关的课题。2019 年 10 月，谷歌发布消息，称其证实了量子计算机的量子超越性（即量子计算机的性能优于现在的计算机）。谷歌称其研发的量子计算机只需要 200 秒就可以完成超级计算机需要耗时 1 万年才能完成的计算。

如果量子计算机成为现实，不仅局限于实验室而是得到普及，比特币等平台应用的哈希加密将会被瞬间破译。

2019 年 7 月，笔者有幸与欧洲首屈一指的量子计算机研发公司——剑桥量子计算公司（Cambridge Quantum Computing）的联合创始人、董事长兼首席执行官伊利亚斯·汗（Ilyas Khan）进行交谈。汗也是史蒂芬·霍金基金会的创始人。他说，几年之后量子计算机将会成为现实，几分钟便可破解 RSA-256 加密。针对这一问题，他还提出了解决方案，即不同于以往的 RSA 加密等加密模式、耐量子度强的格加密。国外已有区块链正在寻求对策，日本总务省也计划到 2023 年制定加密体制的新标准。

以太坊和智能合约的冲击

虽说还有待解决的课题，但是区块链这项简单机制在无需中央参与的情况下便可构建一个可信任网络这件事，还是给科技等领域带来了极大的冲击。这种冲击也助推了比特币以外各区块链平台的产生。

区块链平台不仅可以根据达成共识的手段进行分类，还可以根据网络准入模式等进行分类。例如，比特币属于共有链，人人皆可进入这个开放的网络，此外，还有联盟链以及私有链，联盟链由认证过的结点组建而成，而私有链的结算权限只归特定组织掌握。

联盟链多应用于追踪金融机构和企业间的物流详情，或在农业中用于追溯农作物进入市场之前各个环节的溯源领域等。尽管如此，与私有链以及以往的集中型应用类似，联盟链和以比特币为代表的开放共有链在思路上还是有着本质的不同。

如果说逼迫社会架构进行变革，摒弃国家和企业等集中性质的第三方，通过分散化构建的新系统是激进的共有链，那么联盟链则是维系既往体制和商业模式软着陆的稳健派区块链。

接下来要给各位介绍的是被称为第二代区块链代表的以太坊。需要特别说明的是，以太坊采用的是智能合约机制。智能合约是一种通过区块链运转的程序，可以自行执行合约。

谈到智能合约，就不得不提自助售货机。按照售价投入等额货币，便可获得饮料，这是最简单的合约自动执行机制。那么，在区块链上它是如何运行的呢？

智能合约已应用于数字内容等交易中。按照事先约定进行登录或者支付等操作，便可启动内容访问等智能合约的执行。

此外，区块链以外的操作亦可成为合约的触发点，合约也可以通过物联网等执行。例如，用加密资产支付约定的金额后，会获得智能钥匙的解锁码，便可以在特定的时间内租赁汽车，等等。还有房地产交易以及第 3 章要讲的分布式市场预测和金融等。智能合约的出现，让区块链在商业中的应用愈发广泛。

在区块链中，应用智能合约机制的软件被称为 dApps（去中心化应用）。从广义上讲，比特币本身也是一种 dApps，以太坊是众多区块链中开发并运行 dApps 最多的区块链。这些 dApps 各自发行加密货币，并不实行集中管理。

以太坊的目标不仅仅是扩张，还致力于成为互联网的操作系统，成为各类合约的基石。以太坊的创始人维塔利克·布特林（Vitalik Buterin）把以太坊称作"世界计算机"，因为与集中型的 GAFA 相比，以太坊可以算是一种分布式平台。"世界计算机"的意思是，由所有结点构成的"不存在运营者的永不关机的计算机"。

在以太坊中，参照既定标准，任何人都可以在 dApps 上生成各自的代币，且可以和以太坊的标准货币 ETH 一样通过钱包（可以存储、管理加密货币等电子资产）进行支付、收款、购买。除此之外，还可以发行 NFT（基于以太坊 ERC721 计划的非同质化代币。非同质化代币指的是，具备各自信息和属性信息，无法如货币一般进行互换的代币）。如此，以前容易被复制的数字信息，被非同质化代币赋予了独一无二的价值。

以往的数字内容因其容易被复制，具有可获利性。笔者担任编审的《免费：商业的未来》（克里斯·安德森著）一书，就提倡将这种数字内容的可获利性变为武器，先免费公开，之后再规划如何收费获利，这种模式就是"免费增值"模式。

然而，非同质化代币赋予了数字信息与现实信息同等的稀缺性。这样一来，因为著作权、访问权等固有信息都可以成为非同质化代币，著作权在网络上的操作模式也随之发生了巨大改变。美国财富出版社已经开始推广无广告在线阅读的会员模式，会员通过 ETH 支付一定费用，便可获得非同质化代币。智能合约中规定了相应的价格和合约期限，合约期满自动失去免广告特权。

维塔利克·布特林的超凡之处在于，他没有将区块链的应用局限于虚拟货币，而是将其设计成为分布式技术的基石。谷歌改变了世界，其联合创始人之一，与布特林同样来自俄罗斯的工程师谢尔盖·布林（Sergey Brin）搭建的是一个集中式的平台，而布特林提倡的是一个与之全然不同的图景。

当然，智能合约并非万能。已经签订的合约无法随意变更以应对时刻变化的内容。此外，合约内容无法保密，所以不适用于机密性高的交易。而且，执行合约之时，要收取一种名为 GAS 的手续费，还无法同时处理多个合约。以上都是遗留未决的课题，不过相关人士正在积极寻求对策，解决方案也在推进之中。除了以太坊外，还有很多区块链采用的是智能合约机制（后开发的区块链会尽量修复已有区块链的缺陷）。

有很多人认为，应当将基于这种分布式信息处理技术的世界观称为"Web3.0"。胡安·贝内特（Juan Benet）曾讲到，Web3.0 的关键词正是现下互联网所缺失的"信任"，胡安·贝内特是协议实验室（Protocol Labs）的创始人，该实验室研发出不同于以往的分布式互联网文件共享系统 IPFS（InterPlanetary File System，星际文件系统）。本书第 1 章中提到过，网络已完成了从仅阅读到输入的转变。Web1.0 是仅阅读时代，Web2.0 是阅读·输入时代，如今逐步转变为 Web3.0 阅读·输入·信任时代。

Web3.0 绝非仅靠以太坊和其他众多区块链造就。贝内特经手的 IPFS 等分布式文件共享机制也出了一份力。TCP/IP（传输控制协议 / 网际协议）是互联网联通各计算机最基本的通信手段，构建于 TCP/IP 上的 HTTP（超文本传输协议）是浏览器接入互联网时的必要协议。但是 HTTP 指定的是服务器的物理地址，如果该服务器关机了，自然也就连接不上了。

IPFS 致力于将数据访问置换为内容导向。如果所需信息记录在区块链这样的分布式账本中，那么存储信息的结点便分布于世界各地，按理说访问任一个结点皆可。因为内容用哈希密码做了加密处理，如若被篡改将会得到不同的哈希值，如此便可辨别出内容的正确与否。

Web3.0 世界观还囊括了分布式文件共享及其实现技术以及非同质化代币等想法。dApps 的应用范围也越来越广，已涉及游戏、浏览器、社交媒体、金融、中央处理器以及存储媒介借贷、食品和珠宝溯源、交友、拼车等各个领域。不过，持有加密货币、管理密钥的门槛本来就很高，我们离普通用户可以像操作智能手机一般进行操作这一天还很远。

"密码朋克"精神依然在

本书第 1 章讲到，互联网已经失去了"信任"。我们对充斥的虚假信息束手无策，个人很难保护自己的隐私。

谷歌已将"不作恶"（Don't be Evil）从公司口号中剔除，可见，信任缺失才是互联网面临的最大问题，此言绝无夸大。而区块链不依傍于集中权威，有助于重拾信任。

2009 年 1 月 3 日，在比特币创世区块上，中本聪留下了这样一句话：2009 年 1 月 3 日，财政大臣正处于实施第二轮银行紧急援助的边缘。这也是当天发行的《泰晤士报》的头条标题，讲的是英国政府准备对银行启动第二轮援助。从中可以看出中本聪对集中机制的抵抗心理。

仔细想想，作为区块链根基的公钥密码体制，也是源于密码朋克们的反抗活动。我们应该牢记，无论从技术角度还是从商业角度，区块链本质上都来源于黑客们的叛逆之心。

其实，笔者曾在柏林见过区块链研发小组的一部分成员，他们继承了密码朋克精神，一直致力于打造"无法作恶"（Can't be Evil）的机制，而非"不作恶"。很多人认为，真正的区块链是即使在无中央背书的非信任环境下也可以信任的机制，是对任何人都开放、透明、永不会停止服务的共有链。不过，不应忽视的是，真正支撑区块链走下去的是旨在通过数学机制和软件机制实现民主自治网络的意志。

那么，他们究竟想通过区块链做些什么呢？

下一章，让我们一同解锁区块链在现实社会和商业中的应用。

第 3 章

后 GAFA 商业模式

获得巨大成功的挑战者银行 N26

曾几何时，日本银行是稳定、高收入的代名词，但是如今，荣耀已成为过去式。地方银行苦于收益下滑，各地都在加速整合。各大型银行也在实施数千到上万人不等的大规模裁员计划。

陷入困境的不仅仅是日本银行。2019 年 7 月，德国银行宣布裁员 18000 人。全球银行仅 2019 年一年就裁掉近 5 万人。

不过，各位知道吗，在困境中挣扎的银行其实正试图通过信息技术重获新生。

大概在 10 年前，就已经开始了科技变革金融（金融科技，即 FinTech，Finance 与 Technology 组合到一起的词语）的尝试，出现了很多辅助传统银行的商业模式。

2018 年，日本银行法修正案强制银行开放 API（Application Programming Interface，应用程序接口，规定了外部程序若要激活某软件的功能或是对该软件管理的数据加以利用所需的操作步骤以及数据形式等）。如此，外部初创企业也可以经由 API 访问传统银行提供的数据。

2014年引发人们关注的欧洲挑战者银行便是这方面的领头羊。

挑战者银行，指的是取得了与传统银行同样的业务许可，以移动端软件为中心开展业务的银行。传统银行主营的活期存款、支票存款、住房贷款等业务，挑战者银行都可以开展。

在欧洲，尤其是德国和英国，当局为了推进金融市场改革放宽了管制，2016 年，PSD2（Payment Service Directive 2，欧盟支付服务修订法案第二版）生效推行（也包括其他欧盟国，如挪威、冰岛、列支敦士登）。根据法案规定，支付服务软件商 [被称为 PISP（Payment Initiation Service Providers）的"决算指令传达服务提供商"] 发出支付指令后，银行 [被称为 CAISP（Cheque Account Initiation Service Providers）的"银行账号信息服务提供商"] 必须执行该指令。由此，取得 PISP 业务许可的挑战者银行初创企业相继成立。

笔者开始对挑战者银行感兴趣始于女首席执行官安·波登的一场演讲，她于伦敦创立了斯特林银行（Sterling Bank）。据说该银行从创立到迈入正轨的过程十分艰辛。截至 2019 年 3 月，其个人账户数达到了 46 万，小微企业的账户数为 3 万。他们的目标是2019 年年底达到 100 万账户数。2014 年刚成立的银行，仅仅通过软件就实现了快速发展壮大。斯特林银行不同于传统银行，没有实体网点，也就是说没有成本中心，仅靠软件优越的 UX（User Experience，用户体验，用户通过系统和服务获得的体验）为武器与传统银行一决雌雄。

在日本，每次去银行网点办理手续都得带上印章和存折，对于居住在这样的国家的笔者来讲，可谓打开了新世界，不过更令笔者震惊的是日本金融科技与欧洲金融科技的差异。在日本，提高用户便捷性的新科技是由银行主导并开展的，但是其他地方的金融科技是由初创企业主导开展的，又称"银行 2.0"，是以消费者为中心的金融服务。一直以来被法律守护的业务领域，发生了毁灭性的变革，甚至可能要业务重组。

挑战者银行 N26 于 2013 年创立于德国，也可以为居住在日本的顾客开设账户。笔者公司的年轻实习生在柏林留学时就常用 N26。某年夏天，笔者曾经在柏林泰戈尔机场看到了 N26 的广告牌。N26 受到了千禧一代 ① 的热捧，如今是最具人气的挑战者银行。N26 的成功是无可

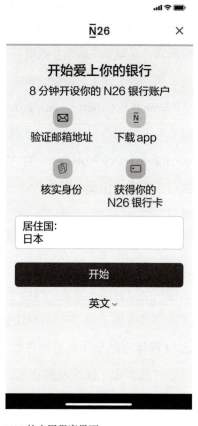

N26 的应用程序界面

———————————

① 千禧一代：通常指 1982—2000 年出生的一代人。

比拟的巨大成功，它将业务拓展至纽约以及其他地区（截至 2020 年 1 月，全球有 500 万用户）。

N26 与客户只通过应用软件相连，客户无须去网点开户，只需填写必填事项提交开户申请，8 分钟后即可查看审查结果，第二天银行卡便会邮寄到申请地址（收卡地址必须是欧盟内地址），手续仅此而已，而且免邮寄费。以 N26 为首，柏林确立了其德国金融科技中心以及后文会提到的保险科技（保险领域的金融科技）中心的地位。

笔者身边另一个常被提及的挑战者银行是英国的瑞勒特（Revolut）。2018 年其业务拓展至日本，与损保控股有限公司日本兴亚 [①] 合作，提供海外保险业务。它的卖点是在国外的业务可以免海外支付手续费以及汇款手续费。在银行和机场等地兑换外币时，虽然会另算汇款手续费，但是如果金额比较大是可以免除汇款手续费的，而且汇率接近于银行同业买卖汇率，非常划算。同时该业务兼容数十种货币，也能兑换比特币现金和瑞波币等加密货币，而且手续简易顺畅。

N26 和瑞勒特银行已经取得了银行业的从业许可，其发展势头甚至已经威胁到传统银行。

[①] 由损害保险控股有限公司与日本兴亚损害保险合并而成。

银行何处优于 GAFA？

我们讲了挑战者银行的飞速发展，其实挑战者银行本身与上一章讲的区块链没有直接联系。而且银行在账户管理和汇款过程中也并不使用区块链技术。

不过，将来银行（包括挑战者银行）很有可能会开拓基于区块链的服务。

为什么这么说呢？因为，KYC 将会成为银行业的最后一公里（拉近与终端用户最后距离的关键一招）。

KYC，即了解你的客户（Know Your Customer），指的是客户身份认证这一方针及其流程。银行创建新账户，需要对个人和企业身份的真实性以及是否为反社会组织等信息进行审查。此外，为了防止洗钱等违法行为，还必须做好严格的反洗钱（AML，Anti Money Laundering）工作。因此，对于任何国家的银行来说，对客户身份认证和反洗钱的高要求都是要严于其他服务业的。

其实，银行的优势并非在于金钱流转本身，而是在于客户身份认证过程中积累的技术和经验。如今这个时代，除非是想逃税，否则应该没有人会在家里存放巨额现金吧。企业亦是如此，金钱往来也皆是通过银行。为何个人和企业都理所当然地将资金交给银行管理呢？那是因为他们相信通过客户身份认证，银行可以为自己管理好资金。

与资金管理一样，要想安全地管理个人信息，就要有精通客户身份认证的公司，当然，客户身份认证这最后一公里，并非只能由银行掌控。除了已掌握了大量个人信息的基础设施建设领域经营者以及保险公司，还有现在的各个平台方，也许将来还会出现更多想要开展客户身份认证业务的企业。只不过，如今银行正处于领先一步的有利位置。因此，大型平台方也在积极寻求与银行合作，而非奢求马上取代银行。

比如，本书第 1 章提到的苹果公司于 2019 年 8 月推出的苹果信用卡，能协助苹果公司进行客户身份认证、发行卡片、维系运营的便是银行巨头高盛集团。此外，谷歌也欲联手大型银行推行银行账户服务。谷歌的合作对象是大型金融机构花旗银行以及信用合作社，由这些金融机构为谷歌用户提供开办银行账户服务。据说亚马逊也计划推出同样的服务。

也许将来 GAFA 会取代银行，但是至少在现阶段，它们似乎还是会采取与银行合作、由银行负责客户身份认证和银行账户运营的模式。

换个角度看，费时又需要成本的客户身份认证，对于拥有一定专业技术的企业来说，其实也是机遇。在日本，电信公司都科摩以及三菱日联金融集团等企业已经推出了可用于本人身份认证的程序接口服务。虽然低廉安全的客户身份认证市场缺口很大，但是由企业收集用户账号信息并进行客户身份认证还涉及隐私问题，所以有人担心是否有些企业会像脸谱网曾经做的那样，在用户不知情的情况下擅自将用户隐私置于其他的用途。

因此，最近自主身份（ID）或者叫去中心化身份（DIDs）愈发受到关注。它指的是用户可以自行保管各自的隐私，而不是交由某家公司保管。因此，拥有无法篡改特性的区块链有可能成为次世代客户身份认证的底层技术。

数字身份是次世代身份证明

目前已有多项基于区块链的身份认证服务面世。

美国高信公司（ConsenSys）推出的 uPort，便是一种基于以太坊智能合约的数字身份系统。英国顶级会计师事务所普华永道正在对 uPort 进行测试。如若基于区块链的客户身份认证投入使用，不仅可以降低运营成本，还可以大幅降低诈骗事件的发生。

数字身份不仅可以用于金融支付中，也许还可以用作次世代身份证明。

在著名的数字化国家爱沙尼亚共和国，实施的便是基于区块链的电子居民制度（电子居住权制度）。通过这个制度，外国人也可以享受爱沙尼亚政府提供的服务，即使未居住于爱沙尼亚，也可以在该国创立、经营公司。

联合国于 2015 年通过了可持续发展目标（SDGs，Sustainable Development Goals），其中一个目标是，"到 2030 年，为每个人提供合法的身份证明，包括出生证明。"为了实现这个目标，联合国各机构以及非政府组织（NGO，Non-Governmental Organizations）、政府机关、企业正在携手推进"ID 2020"项目。

饱受内战和灾害蹂躏的难民大多没有官方身份证明。加上在一些发展中国家，本就不会严格实施出生登记制度。没有身份证明，就无法充分享有医疗、教育等服务。埃哲森、微软也参与了"ID 2020"项目，目前正在研发基于生命体征认证和区块链的数字身份。该项目综合指纹和虹膜等多项生命体征，由以太坊区块链对其进行管理。

2019 年 7 月，笔者参加了由柏林霍罗网公司（JOLOCOM）举办的研习会，霍罗网公司是一家利用区块链技术提供自主身份服务的公司。此外，推出了火狐浏览器的谋智基金会（Mozilla）也参加了本次研习会，围绕日常生活中隐私是如何被提取的以及现行技术的缺陷进行了阐述。霍罗网公司致力于通过软件实现自主身份的安全使用。微软采用了万维网联盟的推荐标准，在 Azure（微软公司的云平台）上推出为个人和企业提供自主身份的服务。

对于自主身份和客户身份认证的标准如何认定，抑或多个标准并行，目前还不明确。不过，从降低金融机构和政府的成本、防止犯罪发生等方面来看，非集中性质的区块链还是被寄予厚望的。

有些金融机构与传统银行一样，自行进行客户身份认证，当然，越来越多的机构也会在必要时采取自主身份的模式。如果在贷款审查等环节能实现"零等待"，也许初创公司还能发现新商机。

有了自主身份，也就意味着可以参与现代社会数字经济。即使是难民，只要通过自主身份获得了信任，便可以低门槛享受福利、借贷金钱、租赁房屋、开始经商。

群雄割据的欧洲保险科技

前文已经讲过，与金融科技一样，由保险（Insurance）+ 技术（Technology）构成的保险科技也十分流行。

在传统的保险理赔过程中，由投保人提出申请，经审查没有问题后支付保险金。从提出申请至保险金发放有时甚至要等好几个月。

保险科技涉及多个领域，尤其是在热门行业，可以通过科技手段解决上述烦琐的手续。与金融科技一样，欧洲的保险科技初创公司竞争也十分激烈，其中，在 P2P 保险领域较有知名度的要数

2010 年成立于柏林的熟人圈保险公司（Friendsurance），柏林也是 N26 的起源地。换算成日元的话，该公司实现了超过约 150 亿日元融资。

P2P 保险，也叫参保共享服务。这是一种低成本的参保模式，投保人与熟人、朋友或是对特定保险感兴趣的人结成互助小组，使用投保人所交保费支付保险金。如若资金池中的保费不足以支付保险金，超出的部分则由保险公司承担。如果小组里没有成员出险，保险公司将会超额返还保费，这对消费者来说十分有利。熟人圈保险公司还与德国银行有合作。

此外，美国 P2P 莱蒙纳德保险公司也将业务拓展到了德国。该公司还是一家从事社会公益的公司，其将保费中的剩余资金捐赠给非营利组织，因此受到了全世界的关注。

这种 P2P 保险还体现了保险的演变过程，保险原本是社区等某个范围内的互助机制，之后变得过于复杂，如今人们试图通过现代科技手段，让其再度回归互助模式。

笔者对于德国保险科技的了解来源于 2018 年与奥托诺瓦公司（Ottonova）工作人员的一次交谈。奥托诺瓦公司提供直销保险服务，在应用软件上即可参保，目标用户是千禧一代的高收入人群。保费由软件计算得出，作为附加服务用户可以获得医生对于健康方面的针对性建议。奥托诺瓦公司开展的保险业务得到了德国联邦金融监管局（BaFin）的官方认证。

直销保险中比较著名的公司还有头号公司（One）［2017 年 7

月，被同属于保险科技公司的唯狐（WeFox）收购〕。头号公司的主要业务范围是个人赔偿免责保险和家庭财产保险，它最大的卖点是快，资格审查由机器人通过聊天方式进行，而且保费可当日退还。

此外，还出现了通过可穿戴式计算机（可安装于手表、眼镜等设备中的可穿戴式计算机）获取个人健康信息，帮助选定最佳保险金额的服务。通过物联网，保险还可应用于其他地方，比如名为车载信息服务（telematics）保险的汽车保险，保费根据汽车的行进状态以及行驶记录算出。

应用于保险中的智能合约

有一种针对自然灾害的参数保险。遭遇洪水、地震等灾害时，受灾者很难将具体的受灾情况反馈给保险公司申请理赔。而参数保险由保险公司和投保人在签订保单时提前设定触发理赔的条件参数。条件可以是地震和台风的强度等。只要达到预设的参数，便会自动触发理赔。美国加利福尼亚州一家名为重启（Jumpstart）的初创公司提供的便是针对地震的参数保险业务。

中国平安保险的运营机制也很有名。1988 年成立的中国平安，截止到 2020 年 12 月，市值已达到 29 万亿日元，成为中国营业收入最高的保险公司。

平安保险之所以能够实现飞速发展，是因为该公司通过彻底的数据分析实现了商业效率的最大化。拿该公司的车险举例，仅通过手机端软件便可实现从保单签订到完成理赔的一条龙服务。依据投保人交通违法记录和平时的开车习惯计算分数，交通违法记录少的投保人获得的分数更高。如若遇到交通事故，投保人只需联系保险公司上传事故照片即可。系统会依据投保人的分数计算赔付金额，大多数场合可立即获得赔付。

可以说，这种基于数据的保险与区块链是绝配。只要将智能合约引入商业保险模式，几乎无须人工干预，便可自动完成保单签订、审查、赔付的整个保险流程。正如上一章讲的那样，智能合约是一种以合约规定的预设事件为触发点来自动执行的机制。

另外，也可以试着将智能合约引入参数保险和直销保险。比如，通过物联网测定农作物的栽培状况和气温从而实现自动理赔。若气温连续 N 日达到 38℃ 以上，作物的正常生长便会受到影响，此时可判定为歉收，自动对投保人进行理赔。

又如，在汽车消费型保险等险种中，可以根据汽车的行驶状况以及投保人期望的行驶里程、行驶时间自动计算出保费，一旦到达预设的条件参数，无须借助人工干预仅通过物联网设备即可实现自动扣费。

分布式预测市场开拓新领域

上一节讲的保险＋区块链模式中，也有人工参与的模式。比如，基于区块链的多个分布式预测市场（DPMs=Decentralized Prediction Markets）。

即便没听过分布式预测市场，也一定听过英国的博彩公司吧，大到政变小到球赛的输赢，任何事件都可成为投注对象。得益于区块链技术，分布式的点对点非实体赌市得以实现。连日本"连我"（LINE，一款即时通信软件）也表示要进军分布式预测市场。

在基于区块链的分布式预测市场中，一旦确认投注事件发生，便由智能合约自动执行赔付。在奥格公司（Auger）开发的预测市场算法中，由用户负责报告投注事件的结果。提供结果的用户可获得奥格公司发行的加密货币（代币）作为奖励，不过该奖励在一定时间内会暂时冻结，一旦证实该报告为虚假报告，奖励将会被回收。

2018年7月，笔者走访了同样致力于开发分布式预测市场机制的诺西斯公司（Gnosis），这是笔者正在筹划的一个调研计划中的一个环节。该公司办公地点在柏林的全字节（FullNode）——

全球首家只服务于区块链相关企业的共享办公空间。据说，奥格公司和诺西斯公司研发的分布式预测市场可直接应用于保险领域。

比如，人们可以对某地的气候进行预测并投注，以弥补风险。这种模式参考的是冒险借贷（据说是保险的原型）。具体来讲，就是船主以船载货物为抵押获得贷款，如若船只顺利载货返港，船主要连本带息将钱一同偿还给贷款人。如若航行遭遇不测，则免去船主的还款义务。如果将赌注押在最坏的天气上，那么若是果真遇到最坏天气，可获得保险赔付，弥补由此带来的损失，如果没有遇到，赌注将不予归还。这种分布式的预测市场想必是可以应用于保险中吧。

这种应用区块链去中心化技术的金融领域被称为开放金融（DeFi=Decentralized Finance），它包括但不限于 DEX（Decentralized exchange，用户无需通过交易所便可直接进行加密货币交易的分布式交易所），形式多种多样。尤其是在数字资产借贷中，可无需顾虑对方的信任度直接进行交易，因为通过智能合约可以冻结对方的担保物（加密资产）直至债务偿还完毕。

有一段时间，点对点的社交借贷（Social Lending，借贷型众筹）模式引发热议。区块链助力社交借贷去中心化，可以将保证金降到最低，而且还可以保证用户之间点对点交易的透明度，未来或许还可以实现非同质化代币担保借贷。这样，著作权、持有的土地等资产以及农作物等都能作为加密资产进行担保。

在日本，虽然大型保险公司的覆盖面仍旧很广，但是人力成本已成为它们的桎梏。不过，也许在利基市场（译者注：即小众市场）中可依据数据明确算出风险指数的领域，那些以应用软件为平台直接对接客户的小规模保险中介公司，或许可与大型保险公司一争高下。

假设未来出现了无人驾驶汽车租赁业务，如果只需要租赁两个小时的无人驾驶汽车，租车人应该购买哪种保险呢？应该不至于为了这么短的时间购买全套保险。兴许届时租车人可以通过手机端快速申请超低价的消费型保险。

通过智能合约，可以轻松实现这种车险架构。此外，可参照前文提到的自主身份，依据曾发生的交通事故以及平日的驾驶情况算出保费，只需在手机上简单回答一些问题便可投保。一旦发生事故，便可如参数保险以及平安保险一般，自动进行赔付。

当然，大型保险公司也可以开展这项服务。但是，很难想象他们有什么理由非要参与其中，毕竟，这种服务每单的手续费很低。考虑到交易成本，他们应该对这种基于区块链自动运转的低利润业务没有兴趣。

在传统金融领域和保险领域，由资本掌控。但是在基于区块链和智能合约的低成本服务领域，则全然不同。交易成本更低的小公司在开拓新的小众服务市场中的胜算更大。

去中心化应用也能快速提升行政服务效率吗？

提到小众服务市场中小公司与大公司的对抗，也许会让人联想到这仿佛是小商店与大超市的对抗。不过，在基于智能合约的服务领域，传统的商业常识是行不通的。

上一章我们讲了去中心化应用。2018 年 9 月笔者曾在新加坡聆听了拥有全球最高交易额的币安（Binance）交易所首席执行官赵长鹏做的演讲。赵长鹏在演讲中讲道："未来会出现数千个区块链、数万种去中心化应用。"

去中心化应用业务应该如何开展呢？按照既往的其他业务流程，应该是成立公司、融资、租赁办公室、雇佣员工、宣传、聚集用户……然而，去中心化应用业务是一种完全不同的商业模式。如果笔者要开展去中心化应用业务，应该会与区块链工程师合作，以很少的人数创建项目。

项目创建可以通过 DAO 完成。所谓 DAO，指的是去中心化自治组织（Decentralized Autonomous Organization），是一种由智能合约及程序决定报酬和费用，没有总经理、部门经理等层级，只需用户间达成一致的极简单且扁平化的组织形式。

实际上，fantastic12（以太坊区块链中可以一键生成最多 12 个人的去中心化自治组织的智能合约组）可以轻松创建去中心化自治组织。一些香港投资基金也是基于智能合约构建而成。未来，随着复业和平行职业的普及，这种新型的联动模式将会引发关注。

关于去中心化自治组织开发的融资模式有很多，笔者之后会详述，其中最为简单的要数区块链算法研发公司直接参与到由其提供资金支持的去中心化自治组织研发加速计划（以投资、共同参与为目的的支持计划）中来，在全球有很多类似的计划。

当然，将上万种去中心化应用都交由用户来管理是很困难的。因此，未来应该会出现将去中心化应用集合到一起的应用程序群或是将多个去中心化自治组织关联到一起共同作用的服务。笔者想将未来的这种去中心化应用联动服务称为去中心化应用网。在未来，依据用户需求将会形成保险相关去中心化应用网、房地产相关去中心化应用网等不同领域与用途的服务群，相信这些服务可以覆盖那些全方位商品无法顾及的需求。

在去中心化应用网中，通过"零知识证明"（即使不将信息传递给对方，也可以证明求证命题正确性的方法）可以在加密隐藏用户自主身份的情况下计算信息，并且无需将信息传给对方就可以进行交易。这样一来，人工智能理财规划师可以依据用户的金钱支出、家庭结构、生活计划等数据，为用户推荐最合适的保险，还可以对投资和储蓄提出建议。事实上，机器人提供建议这种单一服务已经得到实现。

去中心化自治组织也可用于提高政府办事效率。如此，各地方公共团体和各级政府无需再动辄花费数十亿甚至数百亿日元分别搭建系统。

重要的是，这种去中心化自治组织中不存在类似 GAFA 的中央管理者，它既能保住隐私，又可以享受到便捷的服务。虽说 GAFA 也可以通过构建私有链或是联盟链在单独的商圈内发挥去中心化自治组织网的作用，但是，这真的能称作分布式网络吗？也许他们可以强调这种模式的安全性及方便性，但只要该模式背后的驱动力是股价和股东，数据的利用和维护方面就存在不稳定因素。

此外，提到区块链的商业应用，常会被问到能比之前多赚多少，这不就意味着维持旧组织体系的企业接下来就无法继续盈利了？其实这取决于去中心化自治组织等模式的分散化程度以及少数精锐企业如何攻克大型企业难以插手的领域。

尤其是那种有很多中介机构介入、涉及方面又多以致间接成本较高的企业，也可以多多关注现在的成本能缩减多少。

对于传统的集中式组织来说，分散化的全球商业模式一时半刻还无法成为新的赚钱机器。它也许还会向新的规则破坏者（Disruptor）抛出橄榄枝。对于挑战者来说，在路径确立之前还需要不断反复尝试。

万物皆证券化的时代

苏黎世、新加坡和香港是有名的金融中心。三者有一个共同点，那就是化石燃料等资源匮乏，难以发展近代重工业。瑞士周围险山环绕，新加坡和香港的面积与东京二十三区相差无几。大部分资源只能通过与其他地区的贸易往来获得。

可以说，正因为这些地区缺乏实物资源，所以不得不发展金融业和信息产业。2018 年全球人均名义国内生产总值（换算为美元）排行榜中，瑞士仅次于卢森堡排在第 2 位，新加坡为第 8 位，香港排在第 17 位，日本的排名是第 26 位。

在这些国家、地区的金融行业中，区块链初创公司如雨后春笋般依次出现。提到金融领域的区块链初创公司，也许有人会认为他们是一群试图通过加密资产大赚一笔的坏家伙，其实那个阶段早已成为过去式。

如今，万物皆可证券化。

2017 年前后，加密资产泡沫引发世人关注，相信还有人记得当时的热词——首次代币发行（ICO，Initial Coin Offering）吧。

初创公司若想进一步发展，就需要进行大规模融资。让自家公司的股票在交易所上市，以便投资者可以进行股票交易。这就是所谓的首次公开募股（IPO，Initial Public Offering）。然而，首次公开募股的门槛很高。交易所会对公司的净资产、利润总额以及运营管理等方面进行严格审查。

首次代币发行，并不是在交易所公开发售股票，而是通过发行特定加密代币进行融资。发行时还会同步公开项目白皮书（描述开发团队、目标、规划、资金用途等项目详情的文件），有时也会公开详细描述技术架构的项目黄皮书。如果发行代币的企业（也有个人发行代币的情况）发展良好，代币升值，最早购买代币的买家便可大赚一笔。因此，初创企业都很热衷于首次代币发行，希望借此一夜暴富的人也不在少数。

不过，围绕首次代币发行的诈骗案也不少。虽说其本身没有诈骗意图，但是因为项目管理无法维持下去，最后销声匿迹了的项目也存在；也有因资金用途纠纷遭受集体诉讼的项目。因为不需经过交易所审查，所以买家获取的企业价值等方面信息都是企业单方面传递出来的。

由于首次代币发行诈骗事件频发，中国已经全面禁止了这种融资模式，美国、新加坡、韩国等国家也着手对其加强管制。日本对首次代币发行一直采取的是中立立场，不过依据 2019 年修订的《资金支付法》和《金融商品交易法》规定，《金融商品交易法》适用于首次代币发行。该法规定，若想发行、交易可能成为加密资产的虚拟货币，需提前在金融厅进行虚拟货币交换从业者登记，而虚拟货币交换从业者的门槛是很高的。

其实，代币融资的可行性很高。不过，从保护投资者的角度来说，也为了摆脱欺诈项目频发的局面，确实有必要完善相应的规则和法律。

首次代币发行一改传统融资流程

首次代币发行中，由企业和个人发行的代币属于功能型代币（Utility Tokens）。除此之外，还有一种与股份和债权等关联的代币，那便是证券型代币（Security Tokens），其作为证券使用的价值受政府认可。与之相对的，功能型代币虽不具备政府认可的证券价值，但是具有特定功能（Utility，指的是有一定功能）。

功能型代币还可细分为多种类型，用途各不相同，比如拥有决策权的治理型代币（Governance Tokens）便是其一，不过这里我们统称为功能型代币。顺带一提，美国证券交易委员会（SEC）将比特币和以太坊归为证券型代币。

企业想要融资，可以发行该公司特有的功能型代币。如果是笔者的话，发行的大概会是"小林代币"吧。笔者还会打出"凡是新注册小林服务的人，都将免费获得 100 小林代币"的口号。［这种

免费发放代币的行为称为空投代币（AirDrop）]

闻言者内心充满期待："也许有一天小林代币会在加密资产交易所成功上市，届时就可以兑换为法定货币了。现在入手，兴许以后能升值到上百美元乃至上千美元呢！"于是他们又参与首次代币发行以期获得更多的小林代币。首次代币发行引发的投机泡沫便会由此产生。（当然，如前所述，小林代币若想在日本作为加密资产交易，必须提前进行虚拟货币交换从业者登记，否则便是违法集资，甚至可能会被处以刑罚。）

首次代币发行与众筹类似。参与者认为，"只要参与众筹，便可以一万日元的超低价格入手一件超棒的物品"，但是结果往往是项目夭折、产品未能面世。虽说首次代币发行给人一种不入流的印象，不过最近海外已经出现了与风投公司融资相结合的案例。风投公司或是直接参与其注资公司的首次代币发行实现追加投资，或是购买首次代币发行融资后发行的代币，投资逐渐向混合型模式发展。

虽说首次代币发行还留有许多未解决课题，但与首次公开募股相比，首次代币发行所需流程更少，并且可在更短时间内从全世界筹得资金，相信将来不仅是刚崭露头角的初创公司，那些在英语圈拥有知名度、拥有众多用户的知名企业也会参与到混合型首次代币发行中来。

去中心化自治首次代币发行（DAICO，Decentralized Autonomous Initial Coin Offering）是一种基于智能合约、可以提高首次代币发行可信度的手段。在一般的首次代币发行模式中，即便出现代币发行方卷款潜逃以及服务、商品研发不畅等问题，已经购买了代币的投资者对此也可以说毫无办法。与之相对，在去中心化自治首次代币发行模式中，投资者也可直接干预项目。其中有一个概念叫"开关"（tap），代表着发行方可以从账户中提取多少资金，而"开关"是由购买了代币的投资者们投票共同决定的。此外，投资者可对项目的进展情况进行确认并发起投票，可抬高开关上限，也可以关闭开关收回已投资的资金。

首次交易发行（IEO，Initial Exchange Offering）与首次代币发行类似，只是由加密资产交易所代替企业及个人成为发币主体，进行代币交易。如果不负责任地随意进行代币交易的话，加密资产交易所的可信度可能会跌入谷底，所以加密资产交易所会努力做好尽职调查（投资时，对欲投公司及欲投目标的价值、风险等进行调查）。由此，与首次代币发行相比，投资者面临的风险也更低一些。首次交易发行已取代首次代币发行被广泛应用。2019 年 1 月，点对点软件比特流（BitTorrent）代币 BTT（BitTorrent Token）的首次交易发行，自始至终仅 18 分钟，募集到了大约 7.7 亿日元资金，这一事件也引发了人们的热议。

证券型代币发行（STO，Security Token Offering）的基本流程与首次交易发行和首次代币发行类似，只不过发行的是符合证券法等法律条件的证券型代币。印度的共享自行车、汽车服务平台 Drivezy，便是通过证券型代币发行模式，将本公司未来的收益分配进行证券化，关联代币后公开募集资金，并成功获得了融资［不过，为该公司提供证券型代币发行支持的是日本的任意付（AnyPay）集团〕。

区块链可买入非公开发行股票

2017 年 7 月，笔者曾在柏林聆听了爱沙尼亚初创公司投资者之光（Funderbeam）首席执行官凯迪·卢萨莱普（Kaidi Ruusalepp）的演讲，当时内心十分激动。卢萨莱普演讲的题目是"IPO is so yesterday!"。意译过来大概就是"公开募股什么的早就过时了！"投资者之光公司利用区块链去中心化技术，为初创公司融资提供一级市场和二级市场。据说孙泰藏（译者注：日本首富孙正义弟弟）也投资了该公司，正在积极拓展亚洲地区业务。不过，该公司并非直接买卖股份，而是将本公司承接的非公开发行股票转换为自家代币，再发行、售卖该代币。

如此一来，任何地方的任何人均可购买看中的初创公司股份。以低廉的投资额和手续费为武器，业余爱好者也可以进行以往难以接触的非公开发行股票交易。日本有一个名为绿色清单制度的非公开发行股票交易市场，但在 2018 年 3 月被废除。如果不是作为实际投资人与创业者有接触，很难有机会购入种子期（公司即将成立时期、初创期）的非公开发行股票。

GAFA 后时代

2018 年 6 月，笔者与一家即将成立的名为新发现（NEUFUND）的公司的创始人在柏林进行了面谈。该公司做的是股权代币发行（ETO，Equity Token Offering），业务是将企业的股份转换为代币，再将其投入市场交易。证券型代币发行中，有一种模式如上节提到的 Drivezy，将收益分配转化为证券并关联代币，而新发现公司与投资者之光公司一样，主要是将企业的股份（证券）转化为代币并进行交易。这与证券型代币发行的定义基本是一样的。前文也讲过，各国均围绕证券型代币发行制定了相关法律条文，必须依法执行。

当时，新发现公司的创始人也对日本企业通过新发现公司进行股权代币发行这一项目表现出了兴趣。然而，随着日本法制化的推进，在日本，将股份、公司债券、期票、支票、房地产等凭证作为代币发行、交易的证券型代币发行，原则上来讲应由在金融厅进行了第一类型金融商品交易从业资格登记的公司法人负责。

如今，证券型代币在全球金融界引发关注，不仅是因为其可以为企业筹集资金，还因为通过将实物资产代币化并在全世界交易，可以实现提前融资。而且未来还会实现那些过于昂贵的、还未实现证券化资产的民主化。

比如，若是与证券型代币关联的资产是凡·高名画的所有权，该怎么办呢？可以尝试一下将所有权划分为 100 份再转换为代币会怎么样。其实，凡·高名画百分之一的所有权也是可以售卖的。目前已经出现了资产部分所有权法，私人飞机等一些物品可以基于此法进行共享。夏威夷等度假胜地常见的分时共享高价公寓业务，便是一种部分所有权，所有权连同使用权一同被分割。

如此一来，虽然个人无法独自拥有，但是通过与多名拥有者共同持有、使用的方式，可以享受到曾经无法企及的物品和服务，这其中也融合了区块链技术。

又如，笔者在商务活动中常常使用期票这种结算工具。有时，期票要很长时间以后才可以提取现金，如果这期间需要资金周转，只能将期票转让给保理商提前获得资金，这便是期票（债权）的流转。那么，持有加密资产的投资者们难道不可以在线上快速转让这种债权吗？其实，2020 年 4 月，新的债权法施行，废除了禁止债权转让的特别规定，放宽了债权流转。据法务省称，此次法律修订为 120 年来的首次。出于各种考虑，如今，仍有许多资产的流转是受到限制且非民主的。

房地产行业迈向更加智能的商业模式

一名曾就职于瑞士信贷集团的银行工作人员在苏黎世成立了一家初创公司，致力于将私人拥有的岛屿整个证券化，然后将权利进行分割并关联代币再售卖出去。其实，该公司的创始人还与笔者商讨过将业务拓展至日本的相关事宜，但遗憾的是，该公司未达到首次代币发行的软顶金额（最低融资金额），后来，这家公司也没能维系下去。

不过，该公司曾经涉猎的古董车、豪车、绘画、特定年份的葡萄酒等稀缺物品的部分所有权的加密资产化业务，已有其他经营者接过了接力棒。比如，通过所有权代币化让普通人也可以如富豪一般拥有兰博基尼、法拉利、布加迪等豪车所有权的比特车（BitCar），以及知名美术品领域的米西奈斯（Maecenas）、葡萄酒领域的威伍科技（WiV Technology）等区块链初创公司。

至于房地产领域，原本就有房地产投资信托基金（REIT，Real Estate Investment Trust）这个平台。其模式是从众多投资者处募集资金投资房地产，再将获得的租金及收益回报给投资者。房地产投资信托基金的优势在于可以以很少的资金投资房地产，但是存在的问题也不少。如果房地产投资信托基金的投资机构同时也涉足房地产业，那么它可能会以远高出市场价的价格购买房地产，而且投资机构也有破产的风险。

房地产业应该是可以充分发挥区块链功能的领域才对。但如今的房地产业，尤其是日本的房地产业，有些过于落伍了。

若是想看某处的房屋或是地段，需得提前与房地产公司取得联系约定时间，再与负责人一同前往。而且房地产公司的工作人员只是陪同就要收取中介费。此外，因为看的都是房地产公司数据库中登记的房屋，所以无论前往哪家房地产公司（除非与房屋主人交情很深），得到的信息基本是一样的。

如果引入区块链技术，较之现下，房地产业将会更加智能。

房屋和土地的所有人可将详情上传至区块链中，直接进行买卖与租赁，可以通过传感器和智能锁相结合的技术完成看房。而且这在技术上已经得到实现。德国创业公司斯洛克信息技术（Slock. IT）便致力于将智能合约引入智能钥匙的上锁、开锁功能中。在智能合约框架下，一旦确认收到特定代币，房屋、汽车便可自动开启共享模式。如此，房地产的看房等环节也可以引入智能钥匙技术，确认身份后便可自动解锁。

目前对于进一步减少中介参与房地产交易，逐渐转变为点对点交易模式的摸索也在推进。虽然很多国家为了保护房地产行业，明文规定房地产交易中必须有相关资质的公司的参与，不过除此之外，房地产交易还有很多可改进的空间，比如降低手续费、通过智能合约处理繁杂事务等。

纽约公司房地产俱乐部（Propetyclub）提供从房屋信息检索到买卖交易的一站式服务。该公司发行本公司代币，采用智能合约技术进行支付。房地产科技界首屈一指的全美房地产信息服务商最楼（Zillow），在其提供的房地产价格预测服务"最评估"（zestimate）中也采用了人工智能技术。如果最楼和房地产俱乐部可以携手合作，也许将来会出现如股市一般性质的房地产交易市场。

因房地产行业受法律和公权的保护，属于集中行业，所以科技的引入很迟缓，不过，毫无疑问，房地产行业也是成长空间很大的行业。随着今后管制逐渐放宽，房地产行业也许会发生根本性的变革。

　　笔者认为，即便证券化最终仍需相关资质的公司经手，也应该做到全程可控（programmable，使用者可依需要对装置、软件、系统等操作进行调整、实现自动化）。正如比特币可以轻松跨越国境一般，无论是在国内抑或是国外，证券型代币作为资产本身，其交易都不是仅限于部分特定人群之间的交易，应该让每个人都参与其中。

　　请各位回想一下，就在不久前，海外股票交易还是一项超难的技术。20 年前笔者担任主编时曾在杂志上连载了一篇讲述女性职员和女大学生买卖海外股票经历的文章，但那时并未引起任何反响。之后，随着数字化浪潮的到来与互联网证券的出现，不仅仅是海外股票交易，连曾经个人无法参与的外汇保证金交易（FX，Foreign Exchange）都允许个人交易，这样一想，证券化的全程可控也并非异想天开。

区块链可用于昂贵商品溯源

　　对于来源和真伪很重要的物品，区块链亦可助力其溯源。

　　伦敦的易葳录公司（Everledger）开展的钻石区块链便是比较著名的溯源应用案例。

钻石产地多为战乱地区，因此钻石常成为武装势力的资金来源。用于购买武器的钻石又称为血钻（染血的钻石），还有专门讲述血钻的同名电影。2002 年，联合国为了将血钻排除在国际钻石市场之外，通过了金伯利进程国际证书制度（规定钻石原石必须附带原产地证书），不过市面上仍有大量血钻流通。因为开采、运输、流通等环节的管理都是记录在纸张上的，所以钻石的来源很容易被篡改。

易葳录公司对每颗钻石进行扫描，用激光将钻石独一无二的身份编码刻在其凹陷的腰棱处。钻石的身份编码、产地、克拉数等特征会被上传至区块链中，每次交易后，交易记录也会保留在区块链中。与钻石交易相关的运输人员、销售人员以及购买者均可以访问区块链，对该钻石的来龙去脉进行确认。易葳录公司已经将超 200 万颗钻石的相关记录上传至区块链中，同时也为葡萄酒以及艺术品等昂贵商品提供溯源服务。

全球四大会计师事务所之一的安永会计师事务所（Ernst & Young）也于 2019 年 4 月开始提供葡萄酒管理区块链服务"TATTOO"，尤其是高级葡萄酒服务，因为假酒带来的损失很大。根据安永会计师事务所的调查结果显示，即便高级葡萄酒的价格有所上涨，也仍然会有一半以上的忠实顾客。

借助物联网，基于区块链的葡萄酒溯源系统有望得到进一步发展。通过传感器进行温度管理，保证葡萄酒储藏在适宜的环境中，将以上信息写入区块链中，再引入智能合约，便可从储藏记录、产地、年份等数据方面对葡萄酒进行评价、交易。日本的凸版印刷公司（Toppan）还研发了带芯片的瓶塞，可以测出葡萄酒是否被打开过，从而有效防止造假。

顶级时尚品牌的商品溯源也是一个待解决课题。据说仿冒品给路易威登、香奈儿、爱马仕等顶级品牌带来的损失全球共计超过3万亿日元。因此，区块链防伪项目正如火如荼地展开。

柏林开办多年的共享办公空间硅之大道（Silicon Allee）中的卢克索之链（Luxochain）便是这样一家初创公司。卢克索之链公司为每个商品赋予独一无二的标签，并将商品信息录入区块链中。还可为顶级品牌提供灵活的应对机制，比如，向忠实用户发放代币作为对品牌忠诚度的奖励。此外，卢克索之链公司还可基于KYC（Know Your Customer，"客户身份认证"这一方针及其流程）技术对商品进行追踪。也就是说，即便商品流入二手交易市场，仍可追溯到第一位购买客户。据说利用人工智能技术，只需扫描商品图片即可进行溯源。

音乐界、艺术界亦因区块链发生改变

从能追溯人的来历、确认身份这个角度来看，交友软件确实是非常适合区块链的应用。

2019 年，能轻松匹配恋爱与结婚对象的交友软件市场仅在日本收益就达到了 530 亿日元，预计 2024 年将会增至 1037 亿日元。

交友软件最大的问题在于诈骗。通过修图或化妆等方法对外貌做些许改变也许还在允许范围内，但是履历造假、利用虚假账户从事犯罪活动的人也不在少数。

为了防止这种违法行为的发生，自然而然要应用区块链技术。海外已经上线了多个基于区块链技术的交友软件，比如维奥拉（Viola）、露娜（Luna）、洛利（Loly）等。这些软件的用户履历会上传至区块链，表现良好的用户会得到代币奖励。此外，内容发布、著作权管理也是区块链可以大放异彩的领域。

在音乐领域，提供音乐发布服务的优吉渥音乐公司（Ujo Music）已经正式开始运营。优吉渥音乐公司的特点在于不存在集中型管理者，乐曲下载、使用加密货币购买、下载音乐等皆是通过以太坊智能合约实现的。因为没有中间抽成，所以销售所得可以百分百返给音乐人，但是需要支付以太坊智能合约运转所需的 Gas 费（译者注：即手续费）。

顺带一提，区块链并不适合处理音乐数据这样的大数据文件。优吉渥音乐公司也是将音乐数据本体存到了点对点网络中。

此外，美国独立音乐作品发布平台 e 音乐也引入了区块链技术，旨在通过智能合约实现音乐人权利和收益分配的透明化。日本索尼也发布消息，将搭建基于区块链和人工智能的音乐版权信息管理平台声音中心（SoundMain）。

日本还出现了应用非同质化代币的音乐服务，即将音乐人的原盘权转化为非同质化代币销售。一直以来，原盘权及其附带的各种使用权大多归唱片公司所有，如今，通过上述服务任何人都可以购买喜欢的音乐人的原盘权，可以发布音源以及乐曲。立方体基地公司（BlockBase）、麦芽唱片公司（Maltine Records）、氢弹 αΩ 公司（笔者注：日本一家视频与音频混剪公司）进行了非常有野心的尝试，全世界也无出其二。

也许未来的某一天音乐人可以自行发行代币，可以将自己新作的曲谱证券化。通过众筹制作新曲的音乐人逐渐增多，也许今后还能与金融从业者联手，在新曲制作、巡演等环节实现证券型代币发行。在区块链还未出现的时代，已故音乐人大卫·鲍伊（David Bowie）就已经成立了基金，为自己制作新乐谱提供资金支持，这种模式对于不想自己的作品质量和制作节奏被资金回报束缚的音乐人来说简直就是福音。

不仅是音乐领域，艺术领域的区块链应用也是如火如荼地发展。日本区块链风投企业斯达特·巴恩（Startbahn）研发了一种基于区块链的艺术品来源管理系统。艺术领域一直存在一个问题，那就是创作者无法获得艺术品的二次交易收益，不过据说通过智能合约，创作者可以自行对其进行设定。

在艺术品著作权管理和买卖领域，海外已有多家先驱企业。一直以来艺术品领域都与数据驱动无缘，属于封闭范围内的集中型行业，吸引顾客、进行估价等也是由大型美术馆负责，正因为如此，分散化带来的"艺术民主化"发展势头将会势如破竹。

内容流通领域也有应用区块链的服务，比如斯迪姆特公司（Steemit）。斯迪姆特公司提供的是博客服务，用户投稿全部上传至区块链中，过了一定期限便再也无法删除和进行编辑。投稿文章由用户通过点赞的方式进行评定，点赞高的文章可获得斯迪姆特公司发行的代币。此外，斯迪姆特公司还采取了文章传播奖励机制，如果对文章进行整理再编辑（Curation）后获得关注，也会获得代币奖励。

有趣的一点是，如果是对斯迪姆特公司中已经有一定关注度的文章进行点赞或是整理再编辑，代币的分配比例是有所降低的。也就是说，从事内容创作的用户以及最早发现优质文章，对优质文章点赞、整理再编辑的用户会获得更高的收益。日本社交平台 ALIS 和斯迪姆特公司采用的模式一样，即对投稿和文章评论发放代币，试图构建一个基于文章信任的新型社交媒体。

电影制作中的区块链应用案例

内容领域的区块链应用，大多与内容发布方式、引用收费、著作权管理有关。

与此同时，区块链技术也将应用于电影制作中。电影制作常常花费不菲，但是费用究竟花在何处一直不太透明。电影制作过程中各方利益交错复杂，有时辛辛苦苦参与电影制作的制作团队却得不到任何回报。此外，很多影迷抱怨，好莱坞的电影公司近几年偏好大制作电影，而不拍摄大家真正想看的电影。

目前，已有多个关于电影制作的区块链计划推出，比如从事证券型代币业务的特泽罗（tZero）发布消息，称其计划与区块链娱乐融资公司布洛克飞（BLOQ FLIX）合作通过代币筹集电影制作资金。

如果有想制作电影的制作团队和支持该团队的粉丝，通过区块链兴许可以实现这样一组简单关系的构建。目前已经出现了通过众筹方式制作的电影，但是很难知晓众筹资金实际上是如何使用的，同时对出资者的利益分配也不是一件容易的事。电影制作中的利益纠葛错综复杂，虽然证券型代币不一定能完全实现自动化，但是出资和回报方面的透明度有望较之以前有所提高。

如果都是大资本大制作电影的第 2 部、第 3 部，未免有些无聊。但是，当下"赚钱"才是支配市场的逻辑。不求片子能火遍全球，只要粉丝们买账，制作方就能赚上一笔。关于代币助力社区与域内活跃度，实现价值可视化"代币经济"的话题在之后的章节会详述。

为何德国柏林、中国香港、瑞士楚格掀起区块链热潮

让我们换个话题。

德国柏林、中国香港和瑞士楚格掀起的区块链商业热，仿佛来到了互联网黎明期。是什么将这三个城市推上了区块链革命浪潮的中心位呢？

实地调研后，笔者认为，原因在于这三个地方有一个共同点，那就是三地的社区"接近"（close）且不"封闭"（closed）。

当今世界由互联网相连，所有信息在全球流转，因此我们常常感觉所有事物都逐渐扁平化。正如托马斯·弗里德曼（Thomas Friedman）曾在《世界是平的》一书中描述的那样。不过，信息的流转并非单一模式。在同质化进程不断推进的领域，信息流转确实日趋扁平化。但是在蓬勃发展的领域，需要的是各类人群鲜活存在的社区。

柏林、香港和楚格容易形成规模小、密度高的社区。那里的街道狭窄拥挤，居住在其中的住户、来访的客人很容易聚集。也就是接近。

如此一来，这些街道就有了多语言、多文化背景，一点也不封

闭。这些地方拥有包容外来者的开放思想。商务人士以及工程师大多能用英语交谈，无论是技术交流还是商务会谈，都可以顺利快速地推进。当然，在优秀工程师和好想法的拥有量上，东京也毫不逊色。而且，东京也一直鼓励领军人士召开研讨会。不过，除了少数顶层人士之外，日本也确实存在语言障碍、算不上灵活的融资模式及法律约束等问题。

健全的城市功能与开放的氛围孕育出了加密之都柏林、加密之谷楚格等地区块链热浪，日本学生和商务人士也同样置身区块链热潮之中，他们不断举办研讨会和聚会，好似互联网黎明期的狂欢。

硅谷曾经也是人群聚集的中心。然而，因为大型平台方的影响，地价和人力成本飙升，它逐渐成为贫穷创业者无法接近的地方。而且硅谷的办公区域面积很大。大型企业在办公区域内提供齐全的福利设施，将员工围在其中，也不允许外人随便进出。

"只要前往那里就可以了，大家都在那里。"这是小社区的优势，也是尖端领域必不可少的氛围。那里的交谈频率也是其他地方无法比肩的。这便是孕育出接近社区的秘密所在，也是笔者在香港感受到的氛围。

假设笔者想要开拓一项新服务，在香港，很快就会有投资人找来。

"你这个项目看起来很有趣啊，用户数量也有望增长，肯定可以拓展至全球的。我帮你孵化项目，你发我代币吧。"

这样，笔者可以通过场外交易方式（OTC，Over The Counter）

将发行的功能型代币转给对方。

一旦代币在加密资产交易所上市，服务进一步发展壮大，代币的价值就会提升。最早买入代币的人更有可能获得收益。其实，笔者认识的一位天使投资人通过多次这种场外交易方式，现在已经有了自己的加速器（带设备）。这也是加密货币的基础货币——比特币市值提高后带来的区块链新型炼金术。

顺便提一下，海外也有从事代币场外交易的服务平台和中介机构。香港还有专门为场外交易提供中介区块链服务的共享办公空间。以那里为中转站，聚集了富商、连续创业者、大企业家等来自各个国家的人。有帮助富人低价购入比特币，再在价格高的国家卖掉，赚取差价的经营者；还有提供全方位服务的经营者。从中可以隐隐窥见，小社区也可以筹得大量资金的原因正是"接近"催生的经济生态系统。

因为社区小，大家相互都认识，只要稍加打听，很快就能获得项目的相关信息。

"那个项目不怎么样，最好不要参与。"

"那个工程师很厉害，他成立的项目一定要参与。"

类似的对话每天都会发生。

这种社区是存在信任的。区块链的跨时代之处在于它可以在无信任的情况下构建信任，但是，若要让基于区块链的尖端项目落地，人与人之间的信任仍起着很大作用。这点虽然有些讽刺，但是十分耐人寻味。

第 4 章

数字化已过时

迎来低谷期的区块链

通过上一章的介绍，各位一定对区块链的可能性充满了期待。那么，未来的区块链经济是否会飞速发展？会应用在各个领域各个地方吗？

美国高德纳咨询公司每年都会发布科技《技术成熟度曲线》报告，以直观的方式展示新科技的成熟度及社会期待值、实用性等指标。高德纳发表意见称，科技已经过了技术萌芽期、期望膨胀期、低谷期、复苏期，正迈向成熟期（当然也存在还未经普及便消失匿迹的科技）。

在 2019 年 10 月发布的《区块链科技与技术成熟度曲线：2019》（见图 4-1）中，高德纳指出，区块链科技正走向谷底。高德纳所说的低谷期，指的是"因为在试点和实际应用中未获得成效，对科技及科技市场关注度不高的局面"。顺便提一下，高德纳还在报告中预测，到 2021 年年底，区块链将会走出低谷期。

确实，自 2017—2018 年加密资产泡沫破裂后，人们对区块链的关注度便降低了。

虽然 GAFA 等平台企业一直在推进对区块链的投资，但区块

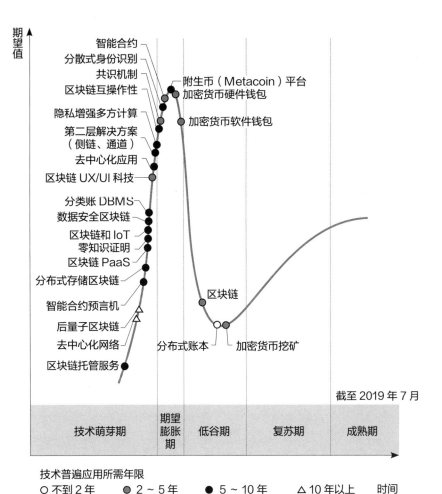

图 4-1　区块链科技与技术成熟度曲线：2019

115

链并未发展为全球性潮流。例如脸谱网推出的加密资产天秤币
（Libra），为了稳定价格，将发行量与由数种货币组成的货币篮子
相关联。负责天秤币运营的天秤币协会通过资产储备而非天秤币的
发行量稳定货币，以防出现价格的极端波动。

在天秤币区块链中，以太坊等智能合约的应用是可行的。据天
秤币协会所述，天秤币的理念是"建立一套简单、无国境的全球货
币以及金融基础设施"。

然而，多国政府和中央银行对天秤币表示了质疑，因此发行仍
遥遥无期。一些成立初期便是协会会员的公司——提供支付服务的
PayPal、Stripe、信用卡公司VISA以及万事达卡相继退出了天秤币协会。

排斥天秤币的理由很多。国际货币基金组织（IMF，International
Monetary Fund）以及美国联邦政府担心，如果天秤币的使用量超
出法定货币，金融政策的有效性将会降低。2019 年 10 月 18 日，
G20 财长会议（二十国集团财长和央行行长会议）也表示天秤币存
在严重风险。天秤币还涉及货币发行主权问题，因此各国仍未放松
警觉姿态。

还有另外一种担忧：脸谱网是民营企业，因此缺乏信任。本
书第 1 章中也提到了脸谱网的种种丑闻，人们对由这种企业主导的
协会发行全国通用货币这件事抱有不信任感也无可厚非。2019 年
10 月 23 日，在美国众议院召开的住房金融委员会听证会上，就出
现了质疑脸谱网可信度的声音。脸谱网首席执行官马克·扎克伯格
表示，如若美国管理当局不认可，会放弃天秤币计划。顺便提一下，

天秤币的共识达成方式是联盟链共识，据说天秤币协会计划将来会变更为非许可型公有链运营。

零知识证明解决信息隐藏难题

即便区块链已进入低谷期，但也不可否认，区块链技术蕴藏着改变未来的可能性。之前提到的那些课题，大部分也有望通过技术手段得以解决。

比如电力消耗。比特币采用工作量证明机制，挖矿需要很高的算力。发表于 2018 年《自然—可持续发展》（*Nature Sustainability*）杂志上的一篇论文指出，4 种加密货币（比特币、以太坊、莱特币、门罗币）合起来一年的电力消耗为 16.6 亿千瓦时，与斯洛文尼亚共和国一年所需电量几乎相同。

此外，一篇刊登于《自然气候变化》（*Nature Climate Change*）杂志中的论文指出，2017 年与比特币相关的二氧化碳排放量大约是 6900 万吨。为了挖矿，或者说为了解开数字谜题就要消耗如此多的能量，任谁听到后都会担忧。

其实第 2 章中也有提到，共识达成的算法并非只有工作量证明，人们也研发出了其他算法。以太坊中就变为了权益证明——节点拥

有的代币越多越有优势。据说，权益证明的成本效率要高出工作量
证明数千倍。只要不是公有链，私有链、联盟链消耗的电力都不足
以成为问题。

看来电力消耗问题已经通过技术手段得到了解决。这里暂且做
个假设，假如只有工作量证明一种机制，区块链的电力消耗等问题
会变得微不足道吗？

要维护法定货币系统，全世界需要不断消耗庞大的资源和能源。
为了铸造实体硬币、印刷纸币，需要开采、冶炼矿物，要将木材制
成纸浆，要启动造币厂的机器，还需要工作人员进行管理。此外，
还需要运钞车运送现金，管理自动柜员机，一旦发生故障，维修人
员必须马上修理。而且应对假币、假钞的成本也不容忽视。

除了实体硬币、纸币的制造与流通成本，法定货币系统的运转
也需要巨大的人工成本。决定利息的是人，确认收支是否能对上的
也是人。要让这些人工作，也需要金钱、能源和资源。维护法定货
币系统运转究竟要花费多少成本，还是有认证的价值的。

区块链还有一个课题，也是必须要提及的，那便是"记录的半
永久留存"问题。这既是区块链的优势之处，也是区块链的缺陷所
在。一旦区块链开始运转，只要参与节点有一定程度的能量供给，
即便最初参与的人不在了，区块链仍能一直运转下去。公有链上的
记录甚至可以半永久留存。连一次小小的购物记录都要一直留下来，
肯定有人会对此感到不舒服的。

不过，这个问题也可以通过前面介绍的零知识证明得到解决，

也就是在隐藏交易内容的情况下连接区块链。以太坊将首个应用零知识证明的由大零币（ZCash）研发的零知识简洁非交互式知识论证（zk-SNARKs）作为基础技术，其他一些企业也在以太坊上进行着信息隐藏的可行性认证。日本雷尔艾克斯（LayerX）公司也开发了一种服务于信息隐藏的区块链，并公开了代码。

标准化问题和互用性

更大的一个问题是区块链的标准化。事实上，国际标准化机构（ISO）正着手推进标准化全球会议，日本派出的是以日本经济产业省下属的日本信息处理开发中心（JIPDEC，Japan Information Processing Development Center）为首的代表团。

此外，欧盟在 2019 年 4 月成立了欧盟区域内标准化组织——国际可信区块链应用协会（INATBA）。国际可信区块链应用协会的成员有联合国儿童基金会、世界投资银行、环球银行金融电信协会（SWIFT）等国际团体。

2019 年 10 月，中国国家标准化管理委员会（SAC）也成立了标准化委员会。围绕区块链的国际标准化动向，各国仿佛在竞赛一般，都在加速制定"事实上的标准化"。不过，笔者从相关人员处得知，全球会议最先讨论的是用语统一问题，但是因为各国的想法严重冲突，完全无法达成一致。

然而，冷静后再看，各位不觉得"区块链标准化"这个词本身就很奇怪吗？中本聪意图构建的是"无须借助值得信任的第三方，完全点对点的全新的电子现金系统"，提倡的是工作量证明的区块链。在信奉这个理念的人看来，"政府制定的区块链标准化"简直让人笑掉大牙。也许他们在听到"标准化"这个词的瞬间，就会认为这绝不是区块链吧。

虽说都是区块链，但其实在公有链、私有链和联盟链的理解上是完全不同的。

对于只将关注点放在联盟链上的人来说，区块链也许只是一个值得信任、成本低廉的网络，或是构建数据库的手段而已。

但是对于一部分与比特币和以太坊（两者皆为公有链）打交道的人来说，区块链是对抗集中的手段，也是对抗集中思想的具体表现。再进一步说，在信奉比特币的人眼中的，以太坊又会是不同的。可见，同样都是与区块链打交道，每个人的看法却全然不同。

因为区块链比较分散，各自独立，结果就是区块链未能得以普及和发展。这就好似虽然许多人都在各处拼命铺设管道，但是管道规格各不相同，也互不连通，最终发挥不了太大作用。

因此，人们开始了关于互用性，也就是通用机制标准化的探索，也就是试图将分散的管道连到一起。

举个例子，如果有基于以太坊智能合约的便利服务，那么利用其他区块链的用户也会想要尝试一下。而无论利用的是哪种区块链，都可以等价交换价值，这就是互用性。

在网络世界的标准化问题上，万维网联盟具有绝对的话语权。互联网之父蒂姆·伯纳斯·李（Tim Berners-Lee）费尽心力成立了万维网联盟，制定了各种标准，包括记录网页的标记语言 HTML、等同于网页地址的 URI（识别符）、将 URI 转换为 IP 地址分配给各个机器的 DNS 等。在浏览器中输入 https://www.infobahn.co.jp，检索结果会显示为笔者所在的公司，这也是网络标准化的结果。

但是，最近也出现了一种声音，认为万维网联盟制定的标准是有限的。

2018 年 10 月，笔者参加了柏林首届 Web3 峰会，并有幸聆听了法国国家信息与自动化研究所（INRIA）客座研究员哈利·哈鲁滨的发言。INRIA 曾是万维网联盟在欧洲的活动中心，与网络标准化渊源颇深。

哈鲁滨的一句话，让全场爆笑。

"如今，全世界唯一通用的算法是点赞！"

随后他还列举了一些万维网联盟曾倡导制定但是却不了了之的标准。这也抛出了一个问题：即便想通过上意下达的方式普及标准，但是在飞速发展的区块链行业以及分散化科技领域，集中式的管理是很难的。

现在围绕互用性的开发尚处于初始混乱期。大家都意识到了建立互用性必要，只是付诸实践的方式各不相同。

简单介绍一下比较有代表性的构思，其大多采用的方法是设置一个与主链双向挂钩（可与主链双向流通）的侧链，并以该侧链为中心，将所有主链连接在一起。笔者的工程师同事目前正在攻关的方法便是利用基板（Substrate）开发架构搭建独立的区块链，再通过侧链将该区块链连在主链中继链（Relay Chain）上。

一旦互用性得以实现，便可跨过加密资产交易所直接完成原子交换（Atomic Swap，不同加密货币之间直接兑换）。不仅如此，也许区块链之间亦可如互联网一般互联互通，成为完全的分布式网络。

届时，识别 URI（包括 URL 在内）等物理服务器地址的识别符可能就落伍了。如此一来，即便各主链的管理模式和共识达成机制有所差异，只要可以进行价值交换，无论是在公有链上，还是在联盟链或私有链上，用户都不得不以自主身份的方式管理各自的数据（当然有人会觉得这样很麻烦，因此一定还会有类似于数据银行的服务）。

这种模式与 GAFA 构建的集中型网络世界完全不同。提到这种构思，很容易陷入是否要全盘替代的话题中来。笔者认为这是"层级革命"。或许网络的各个小空间无须全部统一为由一种协议连成一体，而是通过层级重叠、捆绑分别存在，各自发挥社区的作用。也就是说，既存在属于某个人的网络，同时也存在民主化网络。关于这个话题，最后一章还会提及。

面向终端用户的杀手级应用缺失

从技术角度看，区块链的发展速度可以说是惊人的，完全称得上是科技和思想上的"寒武纪大爆发"。寒武纪大爆发指的是在距今大约 5 亿年前的寒武纪初期，一下子涌现了大量新物种。现在的很多物种，还有之后被淘汰的一些物种，都是在这个时期爆发性出现的。

笔者见证了互联网黎明期后科技的飞速发展，如今，区块链项目也呈爆发式分散化发展，已经很难将其一一列举出来。曾经人才、信息、资金都集中在硅谷，很少出现世界各地项目遍地开花的局面，而现今，包括首次代币发行在内的融资模式可谓多种多样。

成功投资加密资产的投资家瑞安·祖瑞尔（Ryan Zurrer）在前文提到的 Web3 峰会上将互联网泡沫时期的初创公司和现在的加密相关初创公司做了比较，并做了如下发言。

互联网泡沫时期的初创公司，其开发的软件和产品被广泛应用，用户很多，却苦于无法变现。然而，区块链企业通过首次代币发行可以筹集大量资金，但是开发的产品却没有什么人知道，用户也并不多。

准确地说，区块链有很高的认知壁垒。区块链之所以无法摆脱虚拟货币这个大众媒体印象，是因为想要理解区块链机制及其应用并不容易。也有内行人指出，即便人们并不明白人工智能的内部机制，但是却很容易感受到人工智能将带来的改变，区块链则不然。

一种名为互联网的可以交换各种价值的管道网正在全球铺开，如今管道网的支配权正紧紧握在 GAFA 等企业巨头手中。分散化就是让每个家庭都能制作管道，这样就不需要水管局来管理了。即便打了这个比方，也许还是会有人回应，"自己制作和管理管道也太麻烦了，还是水管局负责的好。"

也就是说，区块链最大的问题在于，还没有对终端用户来说简明易懂的杀手级应用和杀手级服务。即便是在去中心化应用上打游戏与将虚拟货币转移到钱包这种操作，对于不懂背景知识的人来说也不是轻易就能做到的。

这与 20 世纪 90 年代上半期的互联网类似，那时浏览器还未出现，要通过点对点协议（PPP，Point to Point Protocol）拨号，然后点开某个软件阅读新闻组（按主题分类的信息目录）；或者必须点开用于文件传输协议（FTP，File Transfer Protocol）服务器接收数据的专用终端软件。极客可能对此很感兴趣，但这绝非笔者父母一代能用得了的工具。不过 20 年后，笔者年迈的父亲也能轻松玩转平板电脑了。

当时处在科技前沿的人们感到了此项科技的潜力，激动不已。然而，他们却找不到商业模式。吸引消费者的点在哪里？应该如何变现？创业者们不断尝试着。

在第 2 章中，笔者讲了公钥密码体制是如今互联网的基础，然而公钥密码体制本身或者优良保密协议（PGP，第 2 章中介绍过的加密软件）并不能成为杀手级应用。不过，通过公钥密码体制等技术，相继出现了可以放心购物的电子商务网站等为终端用户提供便利的服务，互联网也得到爆发式增长并普及。

区块链也是一样。

区块链世界正以惊人的发展速度推进。如果高估了其潜力，会让人产生一种感觉，仿佛世界马上就要发生改变。

不过，笔者不认为仅凭区块链就可以改变世界。如果仅从技术的角度看区块链，会很容易忽略真正重要的变革。若想了解世界即将发生的变革并付诸行动，需要拥有超越技术论的视角。

2017 年，数字的顶峰

在互联网还未普及，计算机通信还未发明的时候，笔者对个人计算机就已经很熟悉了。笔者亲眼见证了电子表格程序（spreadsheet）让公司业务变得更加省力，彩色桌面出版系统（DTP，Desk Top Publishing）实现了数字化出版，个人也可以发送简单的信息。笔者也很快投身于互联网商务之中，成立了多家网络媒体。

正因为笔者很清楚个人计算机的作用，所以很早便注意到了计算机通信以及互联网带来的冲击。

在媒体领域，诞生了带照片和动画的多媒体。随后，网站也逐渐融入这些丰富的元素。各种互联网新媒体业务也相继出现。这些改变，与笔者在计算机通信流行之初预想到的几乎没有太大的差异。

在笔者策划的柏林调研计划中，有一个笔者近两年每年都会拜访的地方——"p98a"设计工作室。该工作室的所有者艾瑞克·施皮克曼（Erik Spiekermann）有"字体设计之父"之称，是首位以设计师身份入选欧洲设计殿堂的人。他讲了一句颇有意思的话："数字的顶峰发生在 2017 年，不，说不准是 2016 年。"

笔者听到这句话后十分震惊。虽然知道这是他特有的幽默感，但其实，笔者也越来越感到所谓的"数字"价值已经达到最大化，或许正在缩减。

比如，我们现在即便看到广告中美女帅哥们光滑细腻的肌肤、炯炯有神的双眸、结实紧致的身材，也不会有"好棒啊"的感觉。只会想"是用了 Photoshop 和手机修图软件了吧"。曾经，将自己打扮得美美的给别人看，是需要手艺人的技巧的。而现在这已经成为谁都可以做到的简单行为。

人们不再会因为某物使用了数字技术而觉得它新潮、厉害，因为早已习以为常。我们的房间已经堆满了数字产品，人们已经开始对其产生厌倦。

数字技术的本质在于复制。其实，信息复制相比实物移动更容易。无论是内容、思想还是任何机制，一旦数字化，都会被复制传播（实际上，区块链的特征与数字的这一特性正相反，这已在上一章讲过）。

与之相反，有一些事物虽然早已出现并非什么新鲜存在，但是在这个数字时代依然吸引着人们。

日本最大的户外嘉年华富士摇滚音乐节（Fuji Rock Festival）创办于 1997 年。如今，人气不仅未减，还成功俘获了大批粉丝。玩转社交媒体的年轻人，重新挖掘出了富士摇滚音乐节的价值。

谈到海外大型活动，比如说火人节（Burning Man Festival），火人节始于 1986 年，也是当代的人为"奇特节日"。节日嬉皮士文化色彩很浓厚，每年到火人节时，在内华达州的风沙吹干的湖面上便会凭空出现一座架空的黑岩城（Black Rock City），5 万多来自世界各地的人聚在此处。在这个空无一物的地方，参与者将共同生活一周，最后点燃人形巨像"男人"（the man），然后城市人间蒸发，回归成荒无人烟的沙漠。

参加活动需要自搭房屋，自备食物、水以及其他所有所需物资。为了生存下去，还要与同伴协力合作，或是进行物物交换。虽然比较艰苦，但是期间还会举行艺术节、研讨会、聚会等活动，对于以谷歌为首的硅谷企业管理者们来说，参加火人节已经成为一项仪式。

笔者想要讲的是，人们越来越追求非大众的只属于自己的体验，且越来越重视这份体验的价值。

"后数字"时代的价值

前文也讲过，笔者近十年来一直从事开放式创新扶持工作。开放式创新最初称为共创（Co-Creation）。大概在 2017 年左右，笔者开启了一个调研项目，一方面将日本企业开展的新项目的负责人及管理者介绍给那些不走寻常路的柏林组织和企业，另一方面亲身感受欧洲的最前沿动态。调研对象十分广泛，有金融科技、保险科技等信息技术领域，也有与食品科技、触觉反馈（Haptics，通过数字传输触觉信息）相关的初创企业，还有居民用自己产出的废弃物品建造的低楼层城市。

上文提到的艾瑞克·施皮克曼开设的 p98a 设计工作室也是调研对象之一。工作室会举办活字印刷体验型讲座。与会者可以亲自操作活字印刷机器进行印制。

刚刚还在参观满是数字技术的企业，一下子就被带往活字印刷所，参观者对此用意很是困惑。

像活字印刷这样的不是早已废弃的技术吗？

然而，p98a 的体验型讲座总是很热闹。因为这种讲座体验的不单单是老式印刷所中的怀旧式的活字印刷。

活字印刷，就是将活字排列组合形成一个版面，但是 p98a 的活字还囊括了推特、脸谱网的商标以及 emoji（表情符号）。当然，曾经的活字中是肯定不会有这些字体的。这些都是在电脑上设计好后由 3D 打印机打印出来的。

现代表情和标语从没有安装半导体的老式轮转印刷机中印刷出来，这种体验很新鲜。所有参与者满心期待亲自操作机器，制作海报。而这种体验单靠古老的机器或是顶尖的科技都是无法获得的。

古老的技术和产业，被科技赋予了新的价值，笔者将其称作"更新"。这是一种创新。有些人认为创新需要使用最前沿科技，可以说他们大错特错了。

施皮克曼还在 p98a 附近开了一家名为"传统"的书店，售卖手工制作的纸装订精装书、写真集、杂志等。如名所示，这是一家传统书店。施皮克曼还设计了大众汽车商标等，是一名世界顶级设计师，p98a 中的数台活版印刷机器便为其个人所有。

然而，这个工作室并非一名成功设计师的怀旧情怀体现。少了科技助力，p98a 的体验是无法实现的。要在电脑上制作 3D 模型，还需通过 3D 打印机将活字模具打印出来。笔者曾试着询问施皮克曼的夫人苏珊娜（曾在《连线》图书部"Wired Book"担任装订负责人），如何定义工作室开展的这种过去产物的技术与数字化的结合时，她回答道："古登堡（活字印刷术发明者）黑客！"

p98a 轮转印刷机使用的新式文字

科技让传统重获新生，由此孕育出了新体验。即便在数码相机全盛时代，有关胶片相机的摄影研讨会也没有消失。拍立得如今已成为生产商的金库，借数字化完全复苏。如今，世界各地包括日本国内都有融合了过去科技［比如，比胶片相机年代更久远的"蛋清玻璃"摄影法、火棉胶（湿版）摄影法等］和当代数字化的专业照相馆。

因为数字化利润丰厚，如今坚持传统的人已经越来越稀缺，创作者们一直在摸索如何将传统的价值和自己的作品与整个世界融合到一起，这就是"后数字"时代。

逆向体验的重要性

　　我们如今生活的世界建立在科技高度集成的基础之上。然而，对大部分人来说，过于高度化的科技，其内核已经黑箱化。

　　如果没有相当旺盛的好奇心，便无法理解推动世界运转的机制。我们可以将平板电脑拿给孩子，告诉他们操作方法："点击这个图标，就能启动应用……"但是如果孩子问道："为什么画面中会出现图片？"你将如何回答呢？

　　"因为应用发出了出现图片的命令。"

　　"为什么应用发出了命令，图片就要出现呢？"

　　"平板电脑中安装的名为 OS 的软件控制着屏幕……"

　　屏幕为什么会被控制？为什么会出现各种各样的颜色？软件是什么？说起来电又是什么？

　　只解释平板电脑出现图片的机制就已经很不容易了，更不要说区块链和人工智能的深度学习等机制了，大多数人对此都要缴械投降。相应的，即便是懂些电脑知识的人到了其他领域应该也会摸不着门路。

　　因为构成世界的科技过于复杂，所以我们很容易会放弃去理解这个机制。生活和工作每日机械化地在推进。每天看似很忙碌，利用电子表格程序和商务智能（BI，Business Intelligence）工具做了好多工作，但是当被问到都干了些什么的时候，能准确将工作内容讲述出来的人并不多。

如果只停留在黑箱表面，是无法获得充分体验的。因此，体验式服务逐渐受到人们的青睐。追求体验，时间必然变得缓慢。一切都变得便利后会得到什么呢？按理说应该是富余的时间，但是人们往往会忘记要利用这个时间，反而进一步过度追求便利，也许最后会如"智能手机中毒"一般让时间不断流逝。

有位家电厂商的新业务负责人曾对笔者说道，若是跟需要灶台生火用锅煮饭的时代相比，电饭煲的出现大大缩短了家务所需时间。但是随着微波炉、洗碗机、扫地机器人等家电不断缩短家务时间，人们却开始学习需要手艺并花费时间的料理。

其实，第三波咖啡浪潮（对咖啡豆原产地有要求，不经烘焙的原汁原味的咖啡）的受欢迎程度也可佐证上述观点。速溶咖啡让人们无论是在家里还是工作场所都可以简单快捷地享受到咖啡，后来，为了满足对咖啡味道的更高要求，出现了星巴克咖啡店引领第二波咖啡浪潮。然而，越来越多的人已经不满足于饮用由机器制作出来的味道平平的咖啡。因此第三波咖啡浪潮出现了，人们开始对咖啡豆的种植、烘焙、冲泡提出很高要求，顾客亦希望能体验咖啡制作乐趣。

也就是说，转了一圈又回到了曾经的咖啡店。当听到第三波咖啡浪潮的原型正是日本咖啡馆文化的时候，笔者恍然大悟。

在工程学领域，拆分机器、解析软件、理解机制的行为称为逆向工程。孩童为了了解收音机的内部构造而将其拆解正是一种了不起的逆向工程。

同样，在黑箱化不断推进的当代，想要拆解黑箱，亲自体验内部构造的趋势似乎愈发高涨。可视化之后再获得体验，笔者将其称作逆向体验。

像 p98a 工作室那样，为了填补或是拓宽字与字之间的空隙，需要将几毫米的薄铁片插在活字和活字之间。使用由数字化设计出来的活字，便可以通过手指和肉眼进行字距调整（kerning）。笔者认为，正是在这种运用了科技的逆向体验中，暗藏着新知识和合作的可能性。

将目光投向互联网诞生以前

提到引发创新，越是专业的新项目开发人员，越容易联想到区块链和人工智能、生物科技、量子计算机等尖端科技。

但是，笔者认为创新的种子还要更早，早在互联网诞生以前。再次强调一下，笔者的意思并非是以前的东西就是好的。

GAFA 后时代

因为在互联网诞生以前提出的概念和想法中，有很多因科技制约未能实现，也有很多虽然实现了但是与最初的期望有所差异。

自由货币也许便是其中之一。20 世纪初期，德国经济学者西尔沃·格塞尔（Silvio Gesell）提出自由货币机制：钱的价值随着时间的推移递减。自由货币的中心思想是：一旦货币价值降低，人们便会放弃储蓄将钱花掉，最终实现刺激消费。

据说，20 世纪 30 年代，德国和奥地利的部分地区引入了自由货币，将其作为地方货币使用，还采取了非常传统的手段用来降低货币价值：如果不贴上乡镇政府发行的标签，就无法维持纸币的价值。直至今日，德国巴伐利亚州的部分地区，还在发行一种名为基姆高（Chiemgauer）的地方货币，这种货币便是从格塞尔的货币思想中汲取灵感产生的。

贬值的货币就如同商品一般，不用掉的话就没有价值了，也便失去了存起来的必要性。即便存起来连利息都会贬值。

当时的问题在于，人工贴标签让其贬值的方式既费时费力成本又高，若是在现代，通过科技便可以解决。通过电子货币技术或是区块链技术将货币设计为贬值货币，并非什么难事。

其实，告诉我格塞尔货币一事的正是一名区块链创业者。他曾想过要发行这种贬值代币作为社区货币使用。区块链可以在设计代币属性时设定失效时间，甚至是使用对象。

落地的创新成果推广到全世界，成为仿佛理所当然一般的存在，以至于有时会偏离它的本质。

复式记账法正是如此。

复式记账法发明以前，单式记账法能管理的只有收入和支出。单式记账法可以算出当时的盈亏，但是谁借了多少钱，本人拥有多少钱，这些都无法知晓。

据说复式记账法发明于 1300 年前后的意大利。

虽然这本账簿得以保存，但是关于何时由谁发明了复式记账法一事无任何资料可查。似乎并不是由某一个人独立发明的。不过，关于复式记账法为何出现于 1300 年前后的意大利，下面的理由是得到普遍认同的。首先，那时出现了阿拉伯数字。其次，贸易发展需要更多的资本，出现了共同出资的方式。因此账簿不仅仅用于记录所有物，还为计算出资人利益分配提供记录。故此，在会计领域，复式记账法不仅用于计算收支，也用于计算应返还给投资者的累计剩余利润。

［《记账法世界史》（*The Reckoning*：*Financial Accountability and the Rise and Fall of Nations*）雅各布·索尔（Jacob Soll）著］

在复式记账法中，现金和房产等手头实物都计入资产，从别人那里借了多少钱是否有负债、自己真正拥有的资本，通过复式记账法可以一目了然。从某种意义上说它可以算是资本主义的原点。虽然复式记账法这项创新改变了世界，但是并不意味着可以解决一切。

GAFA 后时代

随着社会的进步，应计入复式记账法的事物越来越多样化。除了钱、房产、家畜，还包括各种各样的权利。最近几年，知识产权等无形资产的比重逐渐增加。

那么，复式记账法可以将世界上所有的"价值"都体现出来吗？像推特、照片墙和脸谱网等社交媒体上的关注人数以及点赞数都是比较简明清晰的指标，但是还是会有很多遗漏之处。

比如，公司同事中一定会存在一个受欢迎的角色，因为有了他团队氛围变得更加融洽，工作开展得也很顺利。那么，这个人的价值究竟是多少呢？在家庭和社会中的价值又该怎么算呢？家务和社会活动可能无法转换为钱，但是做家务以及开展社会活动本身确实也体现了某种价值。

进一步说，钱本身也是创新。

因为钱具有尺度功能，所以可以让牛、苹果、劳动力等完全不同的物体进行交换。也可以将钱存起来，用于其他用途。按理说，钱本应该就是具有此种功能的工具，然而，如今的货币游戏却一味以钱生钱为目的。

说起来钱究竟为何物？《21 世纪货币论》中，对钱的本质做了如下描述。

货币底层的信用和清算机制才是钱的本质。

（中间略）

人们很容易陷入下面这种误区，钱是能摸得到的既不会腐烂也不会损坏的货币，比如硬币，而债权和债务这种非实体架构是建立在钱之上的。然而，现实却与之正相反。可转让的信用这种社会技术才是根本动力，是钱的原始概念。

［《21 世纪货币论》（*Money：The Unauthorized Biography*）

费利克斯·马丁（Felix Martin）著］

那么，政治又如何呢？

18 世纪以后，这种将政治交由国民选举出的代表管理的议会民主主义才推广开来，而古希腊雅典实行的是市民直接参与的直接民主主义。不难想象，无论是直接民主主义还是议会民主主义，都无法做到让所有拥有公民权的公民都能参与投票。不过只要通过前文提到的 KYC（"客户身份认证"这一方针及其流程）及去中心化身份（DIDs）技术证实为本人，加上投票过程的透明化以及智能手机等终端投票，从理论上讲是可以实现不受时间和空间制约的全员参与的。Web2.0 成为潮流的时候，"民主主义 2.0"一词也成了热点话题。

互联网诞生之前的创新，不只限于经济、政治等大框架里。环望四周，从过往的创新产品到可引发创新的想法无处不在。

网络是现实社会构造的投影？

如第 2 章所述，信息通信技术经历了多次集中化和分散化。

何种主体通过哪种方式掌握数据？这种互联网上的数据构造，常常被认为是现实社会的投影。有一种假设，如果人们认为现实社会应当为集中式管理，将管理的权力交给企业和国家，那么网络上的数据构造亦会以此为基准。

现实社会受到时间和空间上的制约，所以最好将人和物集中起来管理。如果要批量生产同样的东西，毫无疑问，将大量人员集中到大工厂，让他们进行同样的工作，效率会更高。无论是劳动还是教育，集中化都要更胜一筹。

计算机和互联网发明之初，便是以现实社会为原型来设计网络形态和数据构造的，也就是将现实投射到数字之中。就像商场中有书店、报纸、银行、电影院……一样，现实中存在的事物也被一一投射到数字网络中。前文讲过，数字的高峰期是 2017 年前后，换句话说，现实中理所当然能够做到的事在数字领域就更能实现了。

数字虽然一直在模仿现实，但是也摆脱了物理制约，逐渐孕育出了特有概念。首先便是点对点网络。

第 4 章

数字化已过时

1999 年基于点对点技术的文件共享软件纳普斯特发布，21 世纪初期比特币开始流行，对此笔者深受触动，深深感到这是个了不起的发明。笔者当时就在想，如果没有集中式的管理者，能够通过分布式机制实现内容流通，也许会给商业以及整个社会都带来巨大改变。

然而，当时的点对点技术并没有发展为席卷全社会的热潮。20 世纪初期，虽然互联网得以快速推广，但是主要还是通过电脑连接网络。而那时能熟练使用电脑、吸收新潮思想的还是极客。很多极客认为合理当然的思想，对于普通人来说都无法接受。

传统媒体对于点对点网络的负面宣传也很多。以至于人们对点对点网络的印象是御宅族之间分享盗录成人信息、动画以及游戏的工具，正经人是不会接触这种东西的。后来，地下互联网（俗称"暗网"）越来越隐蔽，要借助洋葱路由器（TOR，The Onion Router）浏览器匿名访问。

曾经的点对点网络不存在信任。用户很难甄别出哪个节点值得信赖，结果就是点对点网络成了电脑病毒和非法复制内容的巢穴。数据易于复制的特性被恶意利用。

然而，通过区块链和前文介绍过的非同质化代币，可以实现与现实社会同等甚至高于现实社会信任度的价值交换。一直模拟现实的数字世界也孕育出了自己的特有概念，并试图再次影响现实社会。

人类逐步走向分散化

科技让信赖成为可能，如此，分散化进程也会提速。不过，笔者在想，虽说数字技术让分散化发展成为可能，但是，如同自然法则中的万有引力一般，分散化发展难道不是人类本来就具备的特性吗？

回顾人类发展史，人类正是在集权化和分散化不断往复的过程中，逐步向分散化方向迈进的。

很早以前，在欧洲所有事情皆由天主教会决定，随着活字印刷的普及以及人们生活水平的提高，宗教改革运动兴起，个人逐渐掌握了权利。

个人计算机亦是如此。年轻时期的史蒂夫·乔布斯曾将个人计算机比作大众汽车。

史蒂夫·沃兹尼亚克（Steve Wozniak）与我发明苹果计算机主要是因为我们想要一台个人计算机。不仅是因为我们买不起市面上在售的计算机，也因为它们并不实用。（笔者注：当时还未发明个人计算机）

我们想要一台大众汽车。虽然与其他旅行工具相比，大众汽车既不够快也不够舒适，但是，拥有大众汽车的人可以和任何人随时前往任何他们想去的地方。因为大众汽车的车主可以自行掌控他们的车。

［《史蒂夫·乔布斯：过程即奖励》（*Steve Jobs：The Journey Is the Reward*），杰弗里·扬（Jeffrey S. Young）］

有了如大众汽车一般的个人电脑，个人可以到达任何地方。个人电脑爆发式的普及，也佐证了还政于民（Power To The People）以及分散化不可逆的潮流。

当然，笔者也不认为世界会朝分散化方向直线发展。与电脑和互联网架构类似，现实世界也一直在集中化和分散化之间循环往复。

恐怕，受经济效率以及人们欲求等诸多条件影响，任何时代都会出现在集中化与分散化间波动的局面。

集中更具成本效率优势。比起家庭作坊式的一件件手工缝制衣服，由工厂批量生产服装效率更高。曾经价格很高买不起的衣服，由于批量生产后成本大幅下降，也能轻易入手。然而，随着消费者生活品质的提升，人们已经不满足于穿着工厂批量生产的、和其他人撞衫的衣服。渐渐地，手艺人的仅此一件的衣服、家人制作的衣服价值逐步升高。

想必信息亦是如此。在普通人尚不具备收集信息这项技术之时，由大众传媒这样的机制来收集、整合、甄别信息效率更高。因为即便将这些繁杂庞大的信息摆在面前，普通人也束手无策。人们不仅要花费时间和精力甄别出哪些是有趣的、有用的信息，也无法确定哪些信息来源是可靠的。

随着互联网的发明，普通人也能访问那些曾经只有大众传媒和专家才能接触到的信息。从这点来看分散化确实是又前进了一步，但是当下的信息量已是曾经无法比拟的，人们迫切需要一种甄别与整合的功能，可以为我们整理出需要的信息。

无论在任何领域，我们都无法避免在集中化和分散化之间左右摇摆。随着集中化的发展，制度本身越发形式化从而成为腐败的温床，于是便会向分散化发展。但是分散化提高了个人自由的同时，也会增加个人的负担，这时又会期望集中之下的效率。

虽说如此，但当下世界过于向集中化方向倾斜。如果将倾斜的原因都推到 GAFA 和优步等平台方身上对他们来说可能有些苛刻。但是，对于这种能从失衡中获得巨大利益，对失衡视而不见，反倒让巨头企业越发富有，让企业间差距越发明显的机制，人们感到十分愤怒。

不知从何时开始，强调大数据重要性的"数据才是新型石油"的说法逐渐传开。然而这种说法却并未顾虑到数据的所有者，仿佛认为所有的数据都是"无主数据"。平台方的管理者将手续费转移至避税天堂逃避纳税，但结果是只有他们变得更加富有。而在这个时代的社会底层，土地价格高涨，有些人不借助共享服务干些零工连助学贷款都还不起，但是这些共享服务还要收取高额手续费。

以太坊联合创始人、前首席技术官与 Web3 基金会创始人加文·伍德在其撰写的文章《我们为什么需要 Web3.0》中，表现出了他对这些平台方的愤怒，这篇文章也是推动未来的"分散化网络宣言"。

如果社会不将 Web3.0 原则应用于数字平台，将会造成持续堕落和最终失败的风险，就如中世纪封建制度无法立足于现代国家一般。

今后的重中之重是达成共识

前文反复强调，分散化的关键部分——技术，现在已经成熟。

区块链为非集中式机制下的信任实现打下了基础。助力数字概念落地的各项科技也在快速发展。3D打印机将数字设计变为实体，人们无须在批量产品中挑选自己中意的商品，想要什么可以直接自己生产。

运用人工智能和机器人，数字世界中的模型逐渐转化为现实中的实物。无人驾驶，正是数字和现实的同时体现。乔布斯将个人计算机比作可以去往任何地方的大众汽车，无人驾驶汽车甚至将人从空间和时间的束缚中解放出来。笔者近几年一直关注的飞行汽车和电动滑板鞋，也是通过数字和现实结合的方式摆脱制约。

虽然还有很多技术尚在研发之中，但是数字和现实之间的界限正在快速消失，想必现实中无法实现的事情今后将会越来越少。

不过，实际上还有一个尚未解决的大问题，那就是如何设计社会架构。也就是说，需要对伦理问题以及愿景达成共识，比如，即便科技可以将一切都变为现实，但那对于社会来说真的是正确的吗？机制本身没有陷入混乱状态吗？等等。

本章开头，我们讲了区块链的标准化问题。这个问题的本质其实也是达成共识：如何构建所有参与者都认可的规则以及治理模式？代币发行时的上限定为多少比较合适？如何防止代币的价值下降？代币的循环周期为多久？如何打造用户易懂的机制？让一开始就参与区块链的人获益的做法是否正确？

假设想要试验在某个区块链同时流通多种不同类型的代币，比如，有可以马上兑换的代币，有经过一定时间后才可以兑换的代币，还有被锁定了完全无法兑换的代币，等等。除了区块链技术本身，还需要考虑很多其他方面的问题。

对于不久之前的数字来说，只要有会编程的工程师以及用户界面设计师就足够了。但是如果要设计区块链的话，这是远远不够的。因为不仅需要深入思考何为金钱、何为价值等问题，还要结合游戏理论以及行为经济学设计激励机制来吸引用户。因此，区块链的构建呈现出来的就是综合知识能力。

虽说光是设计、发行代币就已经力不从心了，但是未来的科技还要具备涵盖万物、不受束缚的互用性。因此，这就要做到以人为中心，这仅靠会编程的工程师是做不到的，还需要数学家、密码学家、金融和治理领域的专家、经济学者、心理学者或是探讨伦理问题的哲学家等方方面面的人才。如今，科技研发活动就等同于构建社会架构。

正因为科技变强大了，如果想要用科技构建一个可以影响现实社会的机制，上述问题将是必然要直面的问题。人类开始迈入了以科技为前提达成共识的这个从未体验过的领域。

国家和社区将会如何改变

虽说本书使用了"达成共识"一词，但是此处的共识，指的并非是全人类都赞同某项规则。

1991 年苏联解体，这被视作美国的胜利。胜利后的资本主义却与科技结合，通过信息传播实现全球化，利用地区价格差等进行套汇，还催生了 GAFA 等平台方企业主导的集中体系。

如何能走向分散化呢？或许可以在资本主义这个通用平台上构建基于各项规则的不同层级。也许是"以物易物社区"，也有可能是"追求最大利润""生态友好"。

值得注意的是，这些不同的价值体系作为看不见的层级在现行机制中重叠，具有一定的互用性。区块链中的互用性指的是在某个区块链中运行的合约及交易在其他层级中也被认可。只要这种价值交换成为可能，所谓的社区模式便不再各自独立发展，而是可以同时发展，更多的人也不再仅属于某一个层级。

笔者不认为今后国家会消失，只不过基于不同规则的企业、社区等自治团体会逐渐融合发展为混合型社区，也许这种混合型社区正是当前某个既有虚拟社区、共同体、组织的新版本，包括经济活动和实际劳动将不受行政区划限制。也就是说，即便这个社区以某处为据点，但是该社区成员可以是世界上任何一处的人。

区块链带来的电子治理，不单单是政务终端电子化以及整合过于细化的服务。也许还可以尝试将其作为存在证明（Proof of Existence），为各位的身份背书，在区块链上匿名投票参与各项法律的制定，或是由社区发行货币。

这种新时代社区和国家共同存在，当然，有时它们也是对立的。提到拥有独立货币流通圈的新时代巨型社区，也许有人会想到脸谱网这样的社交媒体。然而，那真的是社区吗？难道像电信公司这样的服务平台已经成了货币发行主体？这是国家和跨国企业之间的竞争，并非什么新鲜事物。但笔者想象中的社区，是成员可以按照各自想法和目标任意加入退出的去中心化自治组织。

未来"瓦坎达"事件已经发生?

美国大型漫画出版社漫威公司拥有黑豹这个人气角色。黑豹2018 年被影视化,电影主人公是非洲一个架空超文明国家——瓦坎达守护者。虽然原作中详细设定了瓦坎达的具体位置,不过当然,现实中是不存在这个国家的。

然而,2019 年 12 月美国农业部公布了与其签署了自由贸易协定(FTA,Free Trade Agreement)的国家名单,其中竟然出现了瓦坎达的名字,此事被新闻媒体大肆报道。而且据报道称,名单中还记载了与瓦坎达交易的食品明细以及在瓦坎达开采的特殊资源名称,并且皆为免税。那份名单似乎是农业部工作人员在测试时录入的,之后忘记删除就发布出来了。

这件事很有暗示性。于是笔者又想起了一则报道,2018 年美国歌手阿肯在接受出生地塞内加尔总统赠予的土地时,讲到想在当地发行冠以自己名字的加密资产"阿肯币"。因此,在听到关于瓦坎达新闻的时候,笔者想的是,即便是瓦坎达这样的架空国家,也是可以作为一个基于区块链的社区存在的,这也不是什么不可思议的事。

此外，2018 年，世界知名乐团皇后乐队的传记电影《波西米亚狂想曲》在日本大热，像皇后乐队这样的国际摇滚巨星和粉丝们之间构建的社区，应该也可以成为新的货币发行主体。发行只在该社区内流通的社区货币，将粉丝的贡献度可视化，拥有一定数量货币的粉丝可以获得专属周边或是演唱会现场指定席位的购买权限。

也许听起来像玩笑话。但是若将时针倒回 2000 年年初，如果有人说，在 21 世纪 20 年代，非国家发行的发行主体不明的数字货币冒着被篡改的风险在全世界公开流通，并且可以和主要法定货币交易，应该不会有任何人会信的吧。

也许在不久的将来，兼具虚拟与现实的分布式社区，可以如同一具身体拥有多组基因的奇美拉（译者注：希腊神话中拥有狮首、羊身、蛇尾的怪物）一般，实现各项要素共存，当然也包括经济活动。

第 5 章

可替代价值
的生成方法

现代社会为何变成这样

前面几章我们讲了 GAFA 的局限性、区块链的可行性、区块链的应用会带来什么以及为了实现区块链的应用所需要的理念。本章将在此基础上作进一步讨论。

若要构建基于科技的新型社会体系，有必要再问一问现代社会为何变为如今这样，就像孩子不断追问为什么和是什么那样。

比如劳动，劳动究竟是什么？

相当多的人认为去公司上班，每月领取工资是一件理所当然的事情。虽然不是自己特别想要从事的工作，但还是会每天乘坐拥挤的交通工具前往公司，工作八个小时或是更长时间，再筋疲力尽地回家。对于大多数人来说，这是常识。

但究竟为什么我们要做这件事儿呢？人们为什么每天要花一大半时间在自己并不想做的事情上呢？

也许有人会回答：因为如果不赚钱就无法生存下去。他们认为，大多数劳动者并不具备不劳而获的资本，只能从事公司交予的工作作为等价交换获取报酬，这样才能维持生计。

奥地利哲学家伊凡·伊里奇（Ivan Illich）在其著作《影子工作》

（*Shadow Work*）一书中这样写道。

"雇佣劳动"一词如今代表着工作，但在整个中世纪，这个词都是悲惨的代名词。（中间省略）

这一点从工业化之前的佛罗伦萨圣弥额尔教堂公会福祉记录中可以知晓。根据记录所载，穷人分为孤儿、寡妇、近期遭遇自然灾害的人、完全依赖于雇佣劳动的一家之主、房屋被强行租用的房主。曾经，贫困与其说是一种经济状态，更是身份象征，在那个年代，如果生活中的所有必需品皆需通过雇佣劳动才能获取，是一种非常无能的表现。穷人是"有能力的人"（potens），也就是掌权者的对立面，而非"富人"（dives）的对立面。（中间省略）

如果某个人要依靠雇佣劳动，证明这个人的家庭不足以支撑日常开销。在当时，乞讨权利也是一种规范的事项，但是工作的权利绝不是这样（中间省略）。

但是对于欧洲和西方国家的大多数人来说，雇佣劳动在 17 世纪到 19 世纪之间发生了巨大的转变。工资不再是贫穷的象征，而是被认为有用的证明。工资不仅可以帮助人们过上自力更生的生活，更重要的是，雇主支付的工资逐渐被看作是一些人原本的生活来源，而这些人因圈地运动失去了生计。

工业革命让机械化批量生产成为可能，催生了拿工资工作的工厂劳动者。对于资本家来说，工人在工厂工作可以高效率地积累财富，从劳动者角度看，他们也可以过上较之以往更富足安稳的生活。然而，不久之后所有人都成了这个系统的"奴隶"。

直至中世纪才出现的概念——"儿童"

法国历史学家菲利浦·阿利埃斯（Philippe Ariès）在其著作《儿童的诞生》（*Centuries of Childhood*）一书中，提出了一个颇有意思的理念，那就是中世纪之前没有儿童的概念。当然，并不是说没有真实的儿童，而是说当时并没有与现代儿童相对应的概念。

幼儿长到七八岁便会被送去当学徒，然后直接成为小大人。据说作为接受教育和庇护对象的儿童概念，是在近代才形成的。翻看那时撰写的资料，可以发现工业革命时期儿童的命运惨不忍睹。刚6岁就开始工作，赚取的报酬很低，操作机器时发生事故连慰问金都拿不到。1833 年英国终于出台了《工厂法》，禁止雇佣不满 9岁的童工，而这部法律的出台距 1802 年《学徒法》经历了漫长的岁月。

后来，为了从事近代智力劳动，需要构建传授知识的体系。以前，只有有钱人家才请得起家庭教师来教育孩子。而工业革命催生的儿童劳动和学校，可以说是为了让儿童接受同等教育、培训儿童从事近代智力劳动的机制。

在学校接受教育的儿童还不是劳动者，而是作为劳动者工作前的准备阶段。英国 1870 年制定的《教育法》被认为是义务教育的开端，当时社会的阶级结构是：资产阶级、被压榨的无产阶级以及被压榨的儿童。[①]

工业革命改变了世界。大型工厂带来了高效率生产、每天工作赚取报酬的工作方式、儿童教育等，人们的生活和社会制度以工业革命为分界线发生了翻天覆地的变化。而且，我们身处 21 世纪社会中的很多地方也基本沿袭了工业革命引发的变化。

适应批量生产的工厂，高效管理大批劳动者的金字塔型企业组织结构，按年级划分的学校等，大部分我们认为是理所当然的社会制度和社会机制，都来自工业革命引发的变化。

日本人将小学 6 年、中学 3 年、高中 3 年共 12 年的学年教育当成理所当然之事。其实，日本首座小学校建于 1872 年（明治 5 年），距今也才 150 年。

与人的寿命相比，一两百年的时间很长，因此会让人产生一种错觉，仿佛某个制度和机制很早之前便有了，将来也会一直存在。然而，技术比社会制度的变化要快。在这个可以编辑基因，也实现

---

① 武田晃二 . 英国工业资本主义时期童工实态及教育学考察 [D]. 北海道大学 . http://hdl.handle.net/2115/29063.

了无人驾驶的知识社会，劳动者只会操控机器已经远远不够了。曾经为了适应最精尖科技而构建、转变的机制和制度，其原本目标已被忽视，只是在进行了部分变革后还在形式化地维系着。

重构社会模式

一旦科技发生变革，我们也要重新审视社会模式本身。如今，我们正面临着这样的重构期，挣扎于旧模式与新模式之间。

如果只对制度和机制做些许改动，仍维持原有的基本概念不变，就会导致偏离实际，人们的生活将会愈发艰辛。

例如，当下企业和自治团体中流行推进数字化转型（DX，Digital Transformation）。其实，数字化转型并非单纯地通过推进数字化便可以实现。数字化转型这个概念是由瑞典于默奥大学的艾瑞克·斯托尔特曼（Erik Stolterman）教授在其撰写的论文《信息技术和美好生活》① 中提出的。

我们提案的基本考量是：当下信息系统研究最重要的挑战，是

---

① http://www8.informatik.umu.se/acroon/Publikationer%20Anna/Stolterman.pdf.

正在推进的数字化转型的总体影响研究。应当将数字化转型理解为数字技术给人类生活的方方面面带来的变化和影响。

推进数字化转型，用数字全方位融合物联网、人工智能、机器人科学、大数据等技术，从而转变企业经营模式和政务运行模式以及他们创造的价值。这样做的目的是为了让我们的生活更美好，抛开这个目的进行讨论是没有任何意义的。

然而，大多数企业和自治团体倡导的数字化转型，都未将提高人类生活质量的社会架构纳入其中考虑。如果机制未变，就谈不上转型。一直以来，数字科技带来的是事物的信息化。但是数字化转型有必要对一切数字化之后的社会进行思考。

以此为前提，让我们看一看金融领域的数字化转型。如今已实现人工智能买卖金融衍生品和股票，它能以人工无法企及的超快速度进行交易。也有人指出这引发了市场价格的大幅波动。智能投资咨询服务可以以几微秒之差领先对手锁定利润，如果这种智能投资咨询服务操控了全世界金融，金融界将会发生什么变化呢？

2019 年发生了一起针对人工智能投资的诉讼，这也许是世界首例。奥地利 42.cx 公司开发了一款超级计算机 K1，据说可以从新闻和社交媒体中实时筛选信息，预测应当购入哪只股票。将个人资产交由引入 KI 计算机的廷达里斯投资（Tyndaris）公司（总部位于伦敦）进行管理的香港大亨李建勤，对该公司销售人员提起诉讼。

报道称，Tyndaris 公司在 2017 年年末至 2018 年 2 月期间的投资屡屡失误，李建勤提出了止损单，但还是损失了 2 千万美元。

应该由谁对人工智能的投资行为负责呢？人工智能投资目前尚处于个人资产管理应用阶段，如果将来应用于全球范围的巨额兑换交易或股权买卖呢？有的人工智能做出急于卖出资产的行为，说不定其他的人工智能也会集体做出抛售的判断。如果数字转型仅被用于自家公司或是与自家公司有利害关系的公司的狭隘目的，这个世界将会崩坏。

那么，应当如何规划原本的数字变革呢？这就不得不思考斯托尔特曼所说的美好生活究竟为何。劳动、教育、福祉、育儿、自治、幸福、经济……这些都属于社会范畴。自家公司应该追求的世界观是什么？想通过服务和产品为世界带来什么价值？公司职员的动力就仅仅是金钱吗？应当让组织做何转变？

规划时应当体现出"美好生活"这种愿景。如若仅凭一家公司做不到，应当联合所有有共同愿景的伙伴结成联盟。后 GAFA 时代需要的不仅仅是市值总额，还有前景驱动的战略规划。

企业存在的意义变得模糊的理由

工人将时间卖给资本家发生在工业革命以后，这在本章开篇已

经讲过了。企业的出现，让单独个体无法实现的产品和服务供应成
为可能，支撑着整个现代社会的发展。在构思新框架时，企业是无
法忽略的存在。

那么，企业究竟为何存在呢？

20 世纪初，福特公司引入流水作业方式实现了福特 T 型车的
大批量生产。在那之前，只有部分有钱人才买得起汽车，而随着廉
价福特 T 型车的出现，普通人也可以拥有汽车。有了汽车，人们出
行的自由度得到了大幅度提升。因此，福特公司的价值是让人们可
以自由出行。

那么 GAFA 呢？

谷歌给自家公司制定的使命为"集合全球范围信息，使人人皆
可访问并从中受益"。无论是搜索文本还是搜索照片、动画，如果
没有谷歌这样的检索平台，要想从海量信息中提取出细小如砂砾一
般的信息是不可能的。

脸谱网创业之初的宗旨是"成为让世界更开放、联系更紧密之
地"，2017 年以后变为了"赋能社区构建，加深世界联系"。优
步则是"你的专属司机"。

这些愿景都很美好。然而，这些富可敌国、拥有强大实力的企
业，却为了追逐更多的利益，倒卖用户个人信息，不顾司机的待遇，
这是为何呢？

企业存在的意义变得模糊的不仅仅是 GAFA。我们强调顾客至
上主义的重要性，但是一旦过了头，也许会毁掉整个社会。

GAFA 后时代

提到世界知名品牌供应链，常会出现血汗工厂这个词。血汗工厂的意思是，在制造受托国恶劣的工作环境下榨取工人的工厂。当然，血汗工厂会被很谨慎地与品牌营销分开来，也不会出现在消费者的视线中。因此，消费者也装作不知道的样子，继续使用他们的产品。

利用人力成本差，将工厂开在世界各地，这就是全球化。市场专员和媒体也紧随其后。现代人有一个不成文的规定，那就是即便在某处存在压榨，也只能选择继续享受当下的消费生活。在工业革命时期，压榨还是发生在某区域内的人们都能感知到的事情，到了现代，压榨的地点变成了远离人群不为人知的土地上。

进行压榨的不只是资本家。身处现代的每一个消费者都加剧了压榨。参考阿尔文·托夫勒提出的产消合一者（Prosumer，将生产者和消费者组合在一起的新造词）概念，我们每个人都具有当代压榨者（Exploiter）和消费者（Consumer）的两面性，应该叫作榨消合一者（Explosumer）。

无限度的顾客至上主义，会发展为顾客过度保护主义，最终服务提供者连为谁工作都不清楚了。"永远低价出售"听起来是为顾客好，但其实是不是也应当努力将值得高价销售的产品在合适的时机以高价卖出呢？如果追求的不是"被顾客喜爱"，而是一味顺应顾客，总有一天，这个"游戏"会崩坏。

N26 的理念：世界上第一个为人喜欢的银行

2019 年 2 月，笔者在东京举办了一场以金融科技最前沿为主题的活动，邀请了 N26 的 CPO 努尔·范·博本（Noor van Boven）。CPO，是 Chief People Officer 的简称，是负责人事战略的最高责任人。我们在第 3 章中介绍过，挑战者银行 N26 打破了传统银行的概念，实现了一个又一个首创。

但是 N26 的口号却不是科技改变金融，而是"世界上第一个为人喜欢的银行"。博本讲到，世界上第一个为人喜欢的银行，一定也是为员工喜爱的银行。

N26 服务最引以为傲的是其便利性。N26 为存款者提供操作简单的用户界面，这也被应用于公司内部。除了银行业务，操作简单的界面还用于员工培训和数据分析中。很多员工就是 N26 软件的忠实用户，其习惯的机制，不仅可以更高效地处理公司业务，还有助于深入了解公司状况以及公司的未来构想。此外，N26 包括人事制度在内的各项制度也都以员工满意度为出发点。

"员工不喜爱的银行，还会受顾客青睐吗？"

本次活动也有很多银行工作人员以及日本金融从业者出席，他们听了博本的话后有何感想呢？自己是否喜爱所就职的银行呢？这是一个简单朴素的终极之问。

日本企业信奉"顾客即上帝"，或者说装作信奉"顾客即上帝"的样子。

"顾客即上帝"其实也是一种诅咒。为顾客提供优质服务本身没有任何问题。但是，没有必要为了让顾客成为上帝一般的存在，就让员工在残酷的工作条件下工作。

近几年的便利店行业乱象，便是上述问题的真实写照。对于签订了加盟协议的店主来说，开展便利店连锁业务的公司处于优势地位。甲方一直乱用这种优势强制店铺 24 小时营业。诚然，实行统一的 24 小时营业制度，对于便利店总部来说可以实现高效管理、提高利润率，对消费者来说也更加方便。但是这种便利的代价却加诸店铺店主和工作人员身上。

拥有清晰构想的欧洲先进企业

笔者开展了一个支持日本企业、自治体 ① 创新，考察欧洲高精

———————————

① 自治体：指日本市町村和东京 23 区。

尖企业的项目，在考察过程中有一个感触，那就是欧洲公司在宣讲时会主要强调他们想要解决什么问题。

参与该项目的日本企业，都带着寻求新科技和投资方的目的。其中部分团员受上司嘱托："遇到好技术，一定要抢占先机。"很多人都会认真咨询笔者："小林，这个领域有哪些推荐企业呢？"笔者也会回复道："有很多呀，我们一起去听听他们的宣讲吧。"然后陪他们一同前去考察目的地。

听了数十家企业的宣讲会，参观了他们的工作场所，结束了充实的行程回国后，笔者再次将考察团的团员召集到一起召开了总结会，希望他们讲一讲考察期间学到了什么。笔者能感到大家都有某种无法用言语表达出来的困惑，或者说是旅途结束后的小疑问和近似于愤怒的情感。但是，这种情感针对的并不是考察的企业和项目安排。

"我们公司究竟想要做什么？"

他们受到触动的并非考察对象的前沿性和科技。单论科技的话日本企业也处于领先地位。实际上他们是震惊于考察对象拥有明确的构想与目标，并为此努力的这一事实。

尤其是柏林的企业，无论是初创科技公司还是老牌科技企业，他们重视的理念只有一个，那就是与社会共生。

"聚会的时候，就将附近的人都叫过来开一个开放式聚会。"这是笔者在参加某个活动时遇到的一位信息技术创业者说的话。还有一位知名创业者在向笔者敬酒时说道："我们在创业时，因为没有钱只能喝廉价啤酒。因此，也想和大家分享一下这种酒的味道。"
这让笔者仿佛瞬间回到了 20 世纪 90 年代前期拜访硅谷初创公司的
时候。

　　大多数欧洲企业的经营者会先勾勒出一个社会的未来图景，再
思考为了实现这个图景需要哪些科技。然而，日本企业中的大部分
管理者虽然会嘱咐员工有任何好想法都要抢占先机，但是员工的建
言却不一定会被采纳，因为管理者也苦于自身究竟是否拥有引入科
技的理解力和决断力以及与海外风投合作的品味与能力。

　　随着企业的壮大，股东数量也会增加，股东们一定会向企业
提出问题："接下来的发展空间有多少？"这体现出的是基于市
值总额的价值观，要在与股东的竞争中一直胜出才可以。如何回
馈社会？回馈多少？公司是否只要能赚钱就会为人们所喜爱呢？
各种疑问还在脑中盘旋未得出结论，团员们就踏上了归程。

ESG 成为新商业的指导方针

　　单论市值总额，看起来以 GAFA 为代表的美国平台方获得了巨
大的成功。所以很多人理所当然认为美国式的市值至上主义才是对
的，但是与此同时，这种模式也受到了来自全世界的质疑，这在前

文中也有提到过。

有趣的是，希望重新审视市值至上主义的不只是欧洲。就连GAFA势力范围内的美国，也有公司的管理层开始发声。2019年8月，由最具影响力公司的首席执行官组成的组织——商业圆桌会议（Business Roundtable）发布声明，称要重新审视股东至上原则，开展商业活动时要尊重员工利益以及区域社会等的利益。

当然，联合国可持续发展目标便代表了上述潮流。第3章中介绍过，"到2030年，为每个人提供合法的身份证明，包括出生证明"是联合国可持续发展目标中的一个，除此之外，还包括消除贫困、消除饥饿、为所有人提供健康与福祉、人人接受优质教育等17个目标。

给社会带来好的影响的活动及产品被称为社会公益。在荷兰和德国，为社会公益进行投融资的社会银行很受欢迎。因为越来越多的存款者会关心自己的存款被用在了何处。

很多日本企业认为，社会公益只是人们的感受，并不能改变消费行为，还认为联合国可持续发展目标的制定更接近于文化援助范畴，而非商业援助。但是，社会公益不仅仅是人们的共同感受。欧洲机构投资者和银行之所以避免进行与联合国可持续发展目标相悖的企业投资，是因为受到联合国可持续发展目标达成成绩单的EGS投资所限制。EGS一词由环境（Environment）、社会（Social）、治理（Governance）的首字母组成。

与EGS相关的投资，截至2018年已经达到了31万亿美元［数据来源于提出 EGS 投资概念的国际组织——全球可持续发展投资联盟（GSIA）］，比 2016 年增长 34%。日本厚生劳动省下属机构日本政府养老投资基金（GPIF，Government Pension Investment Fund）的投资原则也做了调整，将 EGS 投资纳入其中，也有其他公司效仿该做法（《日本经济新闻》，2019 年 4 月 28 日）。

在 2019 年于纽约召开的联合国气候行动峰会上，16 岁的气候活动家格雷塔·图恩伯格（Greta Thunberg）的发言几乎吸引了所有人的注意力，之后由欧洲、美国、澳大利亚主要机构投资者成立的气候风险投资者联盟向各国政府和企业发出声明。他们在全世界掌握着 34 万亿多美元的资金，发出声明这件事的意义不可小觑。

声明中，美国最大的公共退休基金——加州公务员退休基金（CalPERS），表示将会撤回投资于对冲基金的 40 亿美元。这是因为，2018 年，加利福尼亚州议会强制该基金必须考虑对有气候变化风险的企业进行投资，并对此进行报告。

此外，由联合国环境规划金融倡议以及其他倡议组成的投资者议程（Investor Agenda）要求机构投资者作出投资承诺。英国已经有了记载投资原则的受托管理者准则（Stewardship Code），其中也明确记载了关于 EGS 投资的投资责任。受托管理者准则要求各金融机构资产经理做到"不遵守就解释"（Comply or Explain）。

英国财务报告委员会（FRC，Financial Reporting Council）将各金融机构资产经理的投资情况整理成活动报告，将评级处于最末位的资产经理从名单中除名，这对受该准则制约的金融机构来说是巨大的压力。

2019 年 12 月，日本金融厅也将重视 EGS 投资这一条明确列入受托管理者准则中。自此，关于 EGS 投资的解释责任成为今后资产经理投资责任的一部分，但是在实际运用过程中是否能像英国那样起作用还是个未知数，毕竟英国已经开展很久了。

不管怎么说，EGS 投资与联合国可持续发展目标是紧紧连在一起的。这不仅体现在环境保护方面，还有合规性、包括女性活跃度在内的公司员工多样性以及社会弱势群体包容等方面，不重视这些方面的企业，其融资也会受到很大限制。全球最大的投资管理公司贝莱德集团统计了 2012 年至 2018 年间的投资情况，结果显示 EGS 基金的投资成果要高于非 EGS 基金成果。讲到这里，大家应该能看出来，这已经不仅仅是"社会公益不赚钱"这个层次的话题了。

EGS 投资可以说是今后商业构架的设计模板或指导标准。一直以来只注重眼前利益的企业，今后有必要从经营理念和事业活动的本质入手，深入思考企业的存在价值。

在这个发达国家物资充沛的时代，未来的企业活动无论规模大小，其目的都必须是为了解决某个社会课题。而且，对象不只是日本。联合国可持续发展目标提出的"不让任何人掉队"，不仅指某个国家不掉队，而是全世界都不掉队。因此，应该综合运用物联网、区块链智能合约等技术，采取具体措施解决紧迫课题。

比如，笔者正在孵化的项目中，就有一个关于绿色能源（可再生能源）的企业应用的点子，具体想法是将电力记录在区块链中。

难以篡改的区块链可以实现能源排放可视化，并对其进行监管，这应该可以作为履行 EGS 投资解释责任的工具。希望科技可以更多地体现社会责任，比如将区块链和人工智能用于解决食物浪费等问题。

从哲学角度重新审视科技的趋势高涨

2013 年在立陶宛首都维尔纽斯召开了以研究、创新投资规划为主题的国际会议社会科学和人文科学地平线（Horizons for Social Sciences and Humanities），其中最大的议题之一是社会课题。该次会议发布了维尔纽斯宣言，建议人文领域和科学领域的研究学者加强合作以解决社会问题。

据说哲学在德国年轻人中很受欢迎。哲学家兼波恩大学教授马库斯·加布里埃尔（Markus Gabriel）的著作《为何世界不存在》（*Why the World Does Not Exist*）是畅销书。加布里埃尔向硅谷式的世界观提出正面质疑。也许有人对于哲学的印象是堆砌晦涩难懂的专业用语，但其实当代哲学家们研究的课题是科技与人性的关系。

从哲学、伦理学、心理学角度重新审视科技的趋势，也开始对全球科技领域相关人士产生极大影响。最有代表性的要数 2019 年 12 月在加拿大温哥华召开的神经信息处理系统大会（NeurIPS）。

NeurIPS 是 Neural Information Processing Systems 的简称，是人工智能领域研究人员齐聚一堂的规模最大的国际会议。将 2019 年 NeurIPS 通过的论文按照所属机构进行分类，谷歌的论文数量最多，接下来依次为微软、脸谱网、国际商业机器公司（IBM）、亚马逊（四巨头之一的苹果虽然也大力攻关人工智能技术，但是在学会中的存在感并不怎么强）。在这个全球平台巨头齐聚一堂的场合，值得关注的是招待宴会上的发言人以及发言的内容。

其中一名发言人是加利福尼亚大学伯克利分校的塞莱斯特·基德教授。基德教授并非人工智能领域研究人员，而是一名心理学研究员，也是"我也是"（#MeToo）运动的核心成员。也许有人会觉得不可思议，为何反性骚扰运动会和人工智能有关联。其实已经有很多案例显示人工智能等科技可能会加剧歧视和不平等。

比如，在谷歌上用图片检索"CEO"和"医师"，搜索结果显示的几乎都是白人男性。信用卡服务苹果信用卡也被曝出有位妻子的授信额度不到其丈夫的二十分之一。很多人指责信用卡发行方高盛集团，猜测信用卡审查是否成为暗箱操作以及他们是不是采取了歧视女性的算法。这在前文做过描述。

基德教授在大会上讲到并不存在中立的平台，还说将内容推到线上的算法极大地影响着人们的信念。演讲结束后，现场所有人都起立鼓掌。

人们常常错以为与感性的人类不同，以人工智能为代表的科技以及基于科技的平台方，会做出中立且公平的判断。然而，有的科技可能还会助长现实社会中的歧视问题或是压制人权。如何将人性回归纳入架构设计中呢？这也许将是设计师和变革者的未来使命。如若将区块链当成是从基础设施方面对民主主义再审视的工具，那么其连接点也必须做出改变。

被称为新"资本论"的监视资本主义

GAFA 式的机制非常强大。构建数据应用平台，从全世界获取巨额利益，再用于投资科技。用诱人的薪酬网罗全球人才，开发服务，推广项目。

然而，比起他们的研发能力和竞争力，我们更应当关注以行为数据为资本的新数据主导型资本主义。曾经，土地、劳动和生产设备是构成资本的主要部分，后来又增加了无形资本，比如属于知识产权的软件等。如今，GAFA 等平台方手握的正是我们这些用户的行为数据。

哈佛商学院的肖莎娜·祖博夫（Shoshana Zuboff）教授将这种由谷歌、脸谱网等平台方确立的，通过将积累的行为数据与广告关联从而获取不可估量的超高利润率的机制命名为监视资本主义（Surveillance Capitalism）。祖博夫教授还著有一本同名著作，有人将这本书称为新《资本论》。她在书中提出的剩余行为（Behavioral Surplus）指的是，服务器从 cookie（服务器与终端之间的信息交互方式）中获取的用户的访问记录，是一种成本为零的新资产。

比如，亚马逊知道我们会在何时以何种频率购买哪种产品，还掌握着产品的价格范围。谷歌时不时会向我们的邮箱中发送邮件，告诉我们过去一年都去了哪些地方旅行，有时还会有乘坐过的交通工具和住过的酒店名。也许谷歌还在笔者不知情的情况下监视了邮件内容。脸谱网甚至知道用户当前是否在线以及实时所处位置。这些都是剩余行为，是新资本的来源。

公式：首先，要获取范围无限大的剩余行为，必须有更多的用户、渠道、服务、设备、场所以及空间。而用户是提供这些免费原材料的天然资源。

第二，用于机器学习、人工智能、持续算法优化的数字科学构成了极其复杂且昂贵的 21 世纪独有"生产方式"。

第三，新制造过程将剩余行为转换为预测产品，用来预测"现在的"行为和"马上要发生的"行为。

第四，预测产品将会在"元市场"（只处理未来行为的市场）上进行售卖。预测得准的产品，可以帮助购买者降低风险，提高（商品的）销量。

虽然说不上全部，监视资本主义的利益大部分来自预测市场未来行为。[1]

平台方不会一一征求我们的同意。平台不会在我们每做出一个行为时都向我们询问允许记录此行为吗？这也是不现实的。他们顶多是在免责条款中写上一句"为了提高服务质量，您的操作行为可能会被记录下来"（谷歌发布声明，2022 年之前暂停为第三方提供该公司获取的历史记录。不过，对此也有人认为这将会让该公司自身的数据权益愈发强大）。

如今，如果不借助网络，我们将越来越难以享受到各项公共服务以及民间服务。即便目前还有一些传统方式，但今后一旦消失，网络将会变成唯一的途径。

祖博夫教授讲到，2010 年，英国广播公司（BBC）对 26 个国家的人开展了调查，其中 79% 的人认为"连接互联网是一项基本人权"。但是问题在于，互联网连接却掌握在有窃取性质的资本主义的手中。

而且，监视资本主义今后将把我们分为"被观察者"和"观察者"。与后者常常一同出现的不仅有 GAFA 这样的民间企业，

---

[1] 出自肖莎娜·祖博夫教授发表于《法兰克福汇报》上的《监视资本主义的秘密》（*The Secrets of Surveillance Capitalism*）一文。

还有政府。

无论哪个国家的政府，如果想要收集精准的国民信用评分，应该都需要民间服务在数据整合方面提供协助。这些数据的信息使用政策由于涉及国民主权而十分重要。

2013 年，美国前国家安全局（NSA，National Security Agency）职员斯诺登向欧美主要报社揭露秘密监视民众的棱镜（PRISM）系统的存在。除了 GAFA 以外，还有很多平台方和通信公司系统会为政府留有后门，可以随时监控网络数据。日本也是被监视国之一，连具体的企业名和美军基地的名字都有报道。

不管怎么说，除了平台方和通信设备以外，包括街头、店内、车内、居住空间、工作场所、公园、主题公园、物流机构等各处安置的摄像头在内，如果要制作一个"观察者"的名单，想必这个数字将是惊人的。

与之相对，去中心化进展要迟缓一些。因为要参与者达成共识，才能构建架构。与通过 GAFA 集中推进用户便利性的机制相比，去中心化不仅缺乏速度，用户界面和用户体验部分的精练度也明显不够。因此要想获得用户的认可，还需要很长的时间。

也许结论就是由用户决定。对于用户来说更便于使用的会得到支持并生存下来。在这点上从无例外。

这里的用户是谁呢？不一定是单纯的消费者。用户有时本身也会投资服务，也是自治团体或是社区的一员。分散式服务，就是由用户的"自治"驱动的。

比如，第 1 章中讲过，作为"不共享"的共享经济的反例，有一种完全共享型模式，那就是由临时工和用户组建的合作组织。Green Taxi Cooperative 就是一家由司机独立运营的共享合作组织。司机也是服务的拥有者，在美国科罗拉多州很受欢迎。不过，很难想象这种共享合作组织可以在短时间内打败优步这样的全球性平台方。即便在某个地区成了居民的代步工具，也许在其他地方仍是无名小卒。

但它的意义在于有了可替代的价值和选项。有可选项的社会与没有可选项的社会，两者有着天壤之别。

正如加文·伍德在"我们为什么需要 Web3.0"中讲的那样，区块链等分布式科技，对监视资本主义来说是反主流文化。正如曾经的资本主义一直以来都将大多数反主流文化当作商业主义事务，分布式科技的部分功能和想法可能也会被纳入商业主义之中，如今确实也是这样做的。然而，如果这种民主社区将来真的实现了去中心化，分布式科技要想完全纳入其中还是非常困难的。

通证经济使互惠经济可视化

让我们再进一步谈谈可替代价值。第 4 章我们讲了艾瑞克·施皮克曼的观点，他提到数字化已经过时了。之前的互联网，乍一看貌似有着多种多样的商业模式，其实种类并没有那么丰富。它只是将现实生活的各种价值交换中比较容易复制的那些作为商业模式广泛应用于网络中而已。

当下互联网上的商业模式，大体可以分为商品销售、广告、计费 3 种，当下流行的会员费（定额制）也属于计费类型。不过，"可替代价值"思维为我们提供了另一种可能，即不同于这 3 种价值交换的可能。

在笔者作序的《共享经济时代》（雷切尔·布茨曼、路·罗杰斯共同编著）一书中提到了互惠性。布茨曼指出，互惠性指的是"某人做了某件好事之后，作为谢礼其他人也会为其做好事"，这是人类具有的一种特性。有直接的互惠性，也有社交媒体这样间接的互惠性。后者不受价值对象和互惠时间轴的束缚。也就是说，现在自己为社区提供了知识、信息以及软件，有一天这些也会反馈到自己手中。

不知从何时起，共享经济开始只强调便利性，但其实它原本是有互惠性倾向的。从广义上讲，共享经济是一种社会关系资本，指的是市民的合作行为可以提高社会效率。比如拼车，上班的时候自家车的后座是空着的，所以将座位租出去，这可以当成是现代版的搭便车。

再介绍《共享经济时代》一书中很有意思的一个例子：新西兰的"时间银行"以及爱沙尼亚、克罗地亚的"幸福银行"。

两所银行的服务机制为：为社区内成员提供临时照看小孩或是去超市代买东西等服务后，服务时间可以折合成等值货币存在自己的账户中，以后还可以用自己拥有的货币请其他人帮忙。这种有 P2P 货币之称的社区内货币，是作为法定货币之外的补充货币，它在特定地区和社区中发挥着重要作用。这种分布式货币的尝试在区块链发明之前就有了。

2018 年 11 月，中国支付软件支付宝发布区块链打造时间银行计划，可以将志愿者从事公益行为的服务时间存储在银行中。储存的时间作为社区货币，可在今后自己需要照顾时使用，是一种瞄准老龄化社会的商业模式。这个想法也是我们开展的关于区块链其他应用场景的点子马拉松（"点子"和"马拉松"结合到一起的新造词）项目中想到的点子。

再举一个与三大商业模式之一的广告有关的例子。其商业模式是向广告主收取广告费，然后投放广告，我们比较熟悉的投放对象有杂志、报纸、电视以及广播，但是这些传统媒体无论是在空间上还是时间上对广告都有一定的约束框。而互联网科技可以将这个约束框无限扩大。不仅可以实现与检索结果和文章有关的广告自动显示，还可以通过 cookie 和广告网络（Ad Network）准确地测算广告效果。

发布广告的一方，只需指定检索关键词、目标对象和预算，便可自动进行投标处理，广告将会显示在检索结果和文章页面中。不过，为了能在谷歌检索中排在前面，也滋生出了量产盗版内容的媒体网站、虚假新闻的"内容工厂"。依赖于广告收入的媒体，为了增加浏览量和点击率，特意取容易引发争议的搜索名。文章标题也是一样，如果访问量不够，会自动变更为事先准备好的其他标题。

浏览器 BRAVE 的商业机制是通过区块链发行自家货币"BAT"，奖励那些将有效信息传达给用户的广告方，其奖励来源于广告主支付的金额。BRAVE 并不像定向广告那样通过获取用户的 cookie 不断向用户推送广告。为了跳过这些，BRAVE 对访问速度有很高的要求。

这是媒体商业中的新尝试，它将服务提供者和享受者当成同时存在的社区，这种基于加密货币的发行和使用的设计（代币经济），可能在利用了"经济人"（采取合理行动实现自身利益最大化的人）特性的同时，又增加了互惠经济的可视化这个新维度。

也就是说"明白为对方提供了什么"，也可以说是信任的可视化。科技让信任在互联网上流通，实现了一直以来没有的价值交换。笔者期待这种趋势今后将会反映到现实社会中。

事实上，我们也不能忽视设计了这种代币经济的专业人士。株式会社阿亚纳斯（Ayanasu）的川本英介从事的就是国内外各种代币经济设计的咨询工作。现在，川本正在参与印度尼西亚龙目岛上一个名为曼达丽佳（Mandalika）经济特区的度假区开发项目。开发了巴厘岛努沙杜瓦度假区的公司也参与了这个项目。

但是，为什么度假区开发要用到代币呢？笔者本人很喜欢巴厘岛和龙目岛，所以去过很多次，发现那里的小商贩根本无法靠近那些高级度假设施。而且度假区经营多依赖外资，所以即便客流量增加，当地居民也无法获益，留下的只有数量庞大的垃圾。当然，度假区确实为当地解决了部分就业问题，不过几乎看不见本地经济的影子。

于是，川本提出了一个方案，那就是将住宿权当成代币发行。将一晚住宿权加盖时间戳作为证券型代币发售，可以防止中间商不正当转卖、抬高价格。一年之中可以住宿 13 晚，15 年的话就是 195 晚。此外，还发行在区域内可用的功能型代币，可以在访客与酒店工作人员之间流通，由此实现区域内代币使用人的可视化。按照川本的设计，酒店工作人员可以获得代币作为小费，也可以用代币交换物品，代币获取、交易的过程本身就是信任的证明，也是促进代币循环的激励机制。

住宿的客人也可以使用代币参加区域内举办的庆典活动、拾垃圾活动，或是参与当地居民举办的其他活动。川本将这种为区域内活动带来报酬的行为称为"赚取赏金"（Bounty）。它由区域内的人们自发产生，可促进代币的进一步循环。获得区域内代币最多的人，还可以获得在其他度假区通用的代币。

川本这样讲道："代币经济设计不仅仅是经济圈的创新产物，也是支撑着地区居民生活方式的机制。代币经济应当是能揭示以前被掩埋和看不见价值的东西。"

通过网络对个人进行投资的时代

在川本的项目中，服务的水平以及回馈当地的行为等体现的正是看不见的价值的可视化。此外，无形资产的证券化也被认为是新型价值交换的例子之一。

在现在的经济活动中，比起家畜、不动产等看得见摸得到的有形（tangible）资产，以知识产权为代表的看不见摸不到的无形（intangible）资产的价值越来越高。

比如，某个人和组织的前景可以说是终极的无形资产。风投为有前景的初创公司投资，正是看中了这家公司的无形资产将来会增值，可以产生巨大的利润。

至于对个人的投资，举个简单的例子，比较典型的要数运动选手了。想必大家都知道，网球选手和棒球选手从中小学开始就有赞助商赞助了。同样的，有些硅谷的投资公司会投资说唱歌手和厨师。日本是不是也可以投资动画片制作师、漫画家以及艺人呢。也许这样一个世界已经来临，在曾经必须依赖于专业人士独到眼光的领域，特定公司和个人也可以发掘人才并且通过网络广泛地进行个人投资。

如果有科技为"信任"作保，这些无形资产在证券化时可以被划分得更细致，成本也会更低。当然，仍需要依法制定详尽的合同以及应用体制，也需要有管理者、代理营业机构和公关公司。可以如前文介绍的去中心化自治组织那样，作为管理新无形资产的分散型项目启动，也可以采取有限责任合伙企业的形式。至少会比大公司联合成立的特殊目的公司要更灵活变通，而且透明度更高。

在这个世界，即便有人说他计划在无人岛创业，要打造一个只种植有机蔬菜、只用太阳能发电的可持续生活社区，也会得到少量的加密资产投资。数年后，可能这件事早已被遗忘，但是这个创业者却成功了，那么投资人就会得到意想不到的回报。回报不一定是金钱。有可能是移居到当地的权利，有可能会收到当地收获的蔬菜，也有可能作为该社区成立的资助人名字被永远记忆。

在日本，也有为歌舞伎表演者投掷包着钱的纸捻以及云捐赠的文化，如果能通过区块链等技术记录推广这些文化，这种"善意的举动"将会跨越世代和国界流传下去（如果不想泄露个人信息也可以将信息隐藏）。如果这种价值交换得以推广，就可以开展不依赖于既有商业模式的项目活动了。因认真做报道而得到读者广泛支持的媒体，也无须依赖广告收入便能维系下去了。这真的是一件很棒的事。

当然，我们也有必要提前了解"信任流通"的缺陷。可以留存捐助和投资等信息固然很好，但是如果失败的历史也会被永久保存下来呢？有 GDPR（欧盟通用数据保护条例）原型之称的"被遗忘的权利"（数据删除权）就是一种帮助用户删除过去数字信息的权利。可见，在信任流通的社会，应当如何进行"破产处理"，这必须在架构层面提前设计好。

比如，如果有延期付款或是债务处理等行为时，信用机构会以黑名单的形式将当事人的相关信息公布出来。当事人可申请查看本人的信用记录，并对错误的信息进行更改及删除。同样，"信任"的记录也可以公开给本人，给予其重来的机会，当然，这需要参与者达成一致，此外，架构不用于惩罚这点也需要参与者达成一致。

应该对平台方提出的要求

日立制作所和全球知名设计公司战略公司（Method）联合发布了"相信 / 2030"报告，报告将未来的信任方向分为三类，报告的内容颇有意思。

第一类是"集中和管理"（Centralised & Curated），是信任集中于特定企业的世界。也许就是如今的 GAFA 式平台方继续发展壮大后的样子。

第二类是"分散和透明"（Decentralised & Transparent），是分散化和透明化进一步发展的世界。不存在为信任担保的中心，以

"去信任"的区块链为标志的信任模式。

第三类是"分布和自治"（Distributed & Autonomous），是信任特定社区而非政府和企业的世界。

事实上，上述三种"信任"类型应该会交织存在。集中式的平台方也许依然存续，但是价值观的选项将远多于只有集中和管理的时代。

然而，如果不对 GAFA 式的平台方进行任何制约，这个世界将不可避免地会发展为极度偏向集中和管理的世界。

那么，哪种制约是有效的呢？

也许可以制定新法，要求平台方实现透明化，并将控制信息的主动权交还用户。

人工智能、物联网等都是可以给生活带来便利的科技，如果对其善加运用，就可以提高人们的生活质量。研发了这些科技的企业想要拥有这些科技，无可厚非。回看整个历史，不允许任何科技垄断而强制所有科技公开、国有化，这是很难做到的。

问题在于，科技已经黑箱化了。

个人信息是如何被获取，如何被使用的？人工智能是基于何种算法和数据库推导出结果的？应让用户可以自行掌控自身数据，使上述黑箱内容透明化。此外，一旦人工智能服务引发任何问题，第三方机构可对人工智能采用的算法及数据库进行验证。通过以上方式，就能消除信息的不对称性。

此外，还有必要让平台方共享部分科技，促进知识产权的流动。

资本聚集使得科技飞速发展，也许有必要出于公益目的公开其中的一部分科技，以维持健康的竞争环境。当然，同时也可以考虑为平台方提供相应的减税措施。如果说平台方提供的是全方位服务，那么可以公开一般服务，通过分散化技术实现服务的共享。

在工业革命中，垄断蒸汽装置技术的企业拥有绝对的话语权。之后在制造产业成为主流的时代，国有化和共产主义是科技产出财富的分配手段之一。不过现在科技也逐渐被用于分配。

如上所述，世界一直在急速变化，那么，身处其中的日本应当何去何从？最后一章让我们试着思考一下这个问题。

第 6 章

"叠加式变革"
和日本的抉择

日企参加西南偏南大会及议题

本书第 1 章中介绍的西南偏南大会，在日本人气很高，作为与拉斯维加斯消费类电子产品展览会齐名的顶级盛会之一，参会企业的数量也在逐年递增。在这些活动中，可以看到来自全世界的顶尖项目，而且范围早已超出信息技术领域，从平台服务到设备、人工智能、机器人技术、金融、农业等，可谓应有尽有。

日本最初参展的大多是不为人知的初创公司的有识之士，当时他们是在井口尊仁（创办了多家企业）的呼吁下参展。如今，有众多日本企业前去参展，不仅捧回了各类奖项，也加深了与外国企业的交流，这令人十分欣慰。

与此同时，笔者也提到了如今的西南偏南大会处处弥漫着对 GAFA 统治地位的质疑，甚至还邀请了呼吁"GAFA 解体"的美国民主党参议员伊丽莎白·沃伦进行主题演讲。

而且在很多分会场中都能看到"伦理"（Ethics）、"信任"（Trust）的字眼。笔者在街头看到的活动传单上，写着这样的话：

"我们的互联网有些奇怪。"

欧盟启动了 GDPR 来约束 GAFA，在柏林召开的 Web3 峰会提到了基于区块链的去中心化世界的未来图景，笔者认为，在这个背景下，日本是否也应该有一个平台来探讨日本可以为世界提出哪些课题，解决方案是什么，秉持的是何种思想，等等。不过，也许大部分日本企业的话题会是"不知道有没有创新方面的预算"以及"总觉得是数字化转型"。

有"问题大国"之称的日本要想提高自身的存在感，有必要明确指出自身存在的堆积如山的问题，并提出相应的解决方案。老龄化是所有发达国家都要面对的问题，欧洲诸国也面临着随之而来的事业继承问题以及基础设施老化等问题。

因此，广告代理商应该做的并不是展示炫酷的动画或是视觉效果，而是要将存在的问题展示给世界引发共鸣，对于致力于解决这些问题的初创公司以及企业的新项目，不应进行美化和包装，而是要让世界可以畅通无阻地连接这些项目。

从贸易展览会到创新型集会

西南偏南大会究竟是什么？其前身是 20 世纪 80 年代创办的音乐节，之后又增设了电影节，20 世纪 90 年代后期增加了现在的多媒体互动。2007 年，推特在西南偏南大会上大出风头后，自此，全世界的初创公司每年都聚集到这里。

像西南偏南这样的大型活动全世界绝无仅有。虽然很难用一两句话说清楚，但是西南偏南大会与那种让企业设立豪华展位、向参展者派发宣传手册的贸易展览会是不一样的。在西南偏南大会，各展位和会场外随时随处提供食物和酒水，还有乐队 24 小时不停歇地演奏。这里汇集了来自全世界的可能会爆红的创新点子以及尚未公开的音乐和电影，在接受用户、买家与媒体的评议的同时，也促进了与会者之间的合作。

笔者认为西南偏南大会属于创新创造型研讨会，名为创新型集会（Innovention），它是 innovation（创新）与 convention（集会）合成词。传统的贸易展览会的模式是，售卖已经面世的产品，获得潜在客户。而创新型集会则是售卖还未面世的项目原型（测试品）或者关于新项目的点子，寻找伙伴和支持者，或是收集顾客的反应。这种创新型集会越来越受欢迎。

尤其在欧洲，初创公司汇集的研讨会很流行。奥地利维也纳每年都会召开先锋节（Pioneers Festival）。西班牙巴塞罗那的声纳音乐节（Sónar）跟西南偏南大会类似，也是将科技融入音乐节和艺术节之中。芬兰赫尔辛基举办的创投大会雪泥（Slush）也很有名，该大会在创立之初就得到了当地风投公司的支持，甚至有一段时间还在日本举行过活动。柏林举办的 TOA 科技节（Tech Open Air）被称作欧洲的西南偏南大会，笔者担任代表一职的信息高通公司（INFOBAHN）2016 年成为 TOA 的日本官方合作伙伴。

上述活动的共同点是，如果只是单纯地来看热闹，是无法理解活动价值的。创新型集会的中心是对话。进一步说，不仅是对话，行动起来也很重要。比如，一起编程，参与创意马拉松（Ideathon）、黑客马拉松（Hackathon，黑客 Hack 和马拉松 Marathon 两词组合而成的新造词）等共同想出新点子的活动，还有冥想、体验式讲座、通宵聚会，等等。

跨领域对话模式才是西南偏南大会和 TOA 音乐节的精髓。因为互动中也伴随着展示，所以很容易与贸易展览会混淆，但是参加创新型集会有可能和昨天都还不认识的人成为创业伙伴。实际上，笔者与活动中认识的很多人都有商务上的往来。创新型集会与贸易展览会的本质差异在于与会者也是活动内容之一，可以从他们身上得到很多启发。

如今，全世界的贸易展览会也受到了这种自由的创新型集会的影响。拉斯维加斯的消费类电子产品展览会的前身也是举办了很多年的贸易展览会，如今该网站标榜的是"创新的国际舞台"。各位应该知道最近很多汽车制造商退出大型车展的事情吧。梅赛德斯携手西南偏南大会在欧洲各地举办创新型集会"我的盛会"（Me Convention），集会的主角却并非汽车。乐队、DJ 音乐、摇滚歌手、创业者、思想家、设计师、活动家纷纷亮相，共同探讨未来的可能性以及自身的愿景。

要想将无人驾驶对社会以及城市的改变囊括进活动内容中来，汽车制造商就不能只靠自家公司，必须跟各个领域的革新者携手合作。虽说现在还有专门为某个领域开办的贸易展览会，但是各个领域之间的界限今后将会越来越模糊。

一直盲目崇拜硅谷的日本

在这些创新型集会中，笔者看到部分日本企业的做法令人感觉不自然，那是因为他们"包装"的痕迹比较明显。其实不需要那些豪华的显示屏和现代化的宣传片，与会者想了解的是产品设计者的构思和想法。比起结果，他们更看重的是对创新的热情与执着，是让项目落地所需的构思与技巧以及是否有合作的可能。这也是为什么笔者在前文中说，比起华丽的外在，更应该接触本质。

笔者认为日本企业之所以从外表入手，责任要算在市场专员身上。市场专员难道不应该遍访全世界的创新工厂，参加体验式座谈，与变革者对话吗？只有深入思考如何重建社会架构才算跨过了创新的门槛，也才能提出相应的展示方案与提案方法。

2018 年 8 月，英国《经济学人》杂志制作了一期题为"Peak Valley"（硅谷走下巅峰）的特集。特集中写道，人工成本、土地价格等生活成本导致硅谷的创业成本高涨，初创公司正在外流，实际上，近来开源软件不断增多，硅谷曾独领风骚的孵化生态系统已经慢慢分散至全世界。

投资基金亦是如此。硅谷的老牌风投公司也加入了欧盟的初创公司投资队伍中，如今，世界主要城市都在推进产学官合作（译者注：产指生产企业，学指大学等科研机构，官指国立及公立相关研究单位）。比起高成本的硅谷，在生活成本低廉的地方创业，对企业来说存活率更高。信息技术初创公司逐渐聚集在北美路易斯安那州的新奥尔良以及佐治亚州的亚特兰大，还有得克萨斯州的达拉斯以及奥斯汀等地。此外，以巴西为代表的南美各国也受到了创业者的关注。

尽管如此，仍有无数日本企业将硅谷奉为神明。听说一些职员前往硅谷参观后讲道："真的很感动，不能在硅谷成立实验室吗？"这当然没有什么不妥，不过为什么非要是硅谷呢？

如今，德国柏林、瑞士楚格、白俄罗斯、波兰华沙、乌克兰、外高加索三国（阿塞拜疆、亚美尼亚、格鲁吉亚）、以色列特拉维夫、爱沙尼亚、新加坡、中国香港、日本东京、美国纽约布鲁克林等都设有区块链社区。退一百步讲，即便日本企业钟爱硅谷式或是 GAFA 式的做法，并在硅谷开设了实验，日本企业也做不到硅谷式的破坏性创新。

破坏者们，比如优步，貌似并不在乎出租车行业会因此崩溃，实际上也是如此，他们对全世界运营着出租车的主要城市发起了猛攻。爱彼迎一开始也并没想过要取得政府的认可。埃隆·马斯克（Elon Musk）领导的特拉斯从没有将燃汽油机车当成过竞争对手，他给自家公司的定位是节能企业。

如果推出新服务和新产品，会将某个行业逼至绝境，会触怒既得利益者，会遭到行业团体的攻击。即便明白可能要承担的后果，但是硅谷仍在推动变革，那是因为有以市值为背景的新股发行这个万宝槌 ① 以及"发展才是正义"这句真言。

先推出服务，如果引起不满再致歉，聘请最贵的辩护律师出庭。这种打脸政治家及工会的做法，至少在日本不太适合。

没有这种觉悟却喊着向硅谷看齐的日本企业，究竟想干什么呢？想要吸引优秀的人才？那就应该动真格变革就业制度，通用语也应该变为英语。还是想要投资？笔者知道一家硅谷独立风投公司，掌控着逾千亿日元的投资资金。如果日本企业带着十几亿日元或是几十亿日元的资金前去寻求投资机会，是否会成功呢？在风投公司担任合伙人的朋友的回答是，日本企业会被拒绝。他对笔者讲："日本企业想要投资的又不是股价还很便宜的处于种子期的创业者，而是已经募集到一定融资的企业，然而自身能够支付的投资金额还那么少，又不想承担风险，还想要寻找好的投资对象，他们究竟想干什么？"

确实没有一个明确的逻辑可言。那么，没有任何战略、盲目跟随最强团队 GAFA 会对创新有助益吗？如果在以往 GAFA 构建的机制中只考虑商业，那么最终也只是 GAFA 的承包方。如果想要跳出

---

① 万宝槌：游戏王卡片中的一张通常魔法卡，拥有更换手牌效果，使用无限制。

GAFA 的束缚，就必须从本质上进行思考。如何颠覆 GAFA 成为新的破坏者，对此，德国和中国都在努力寻找答案。

联合办公、快速开发、黑客马拉松、设计思维……这些都是创新的相关用语。但是如果不深入思考本质而且仍维持以往的组织形态和思考模式，那模仿的只是形而无法实现创新。世界已经不再是那个有着取之不尽资源的宝库了。气候变化、废弃垃圾、过度开采等，我们应该如何修复已经坏掉的地球？今后的老师将不只有硅谷，也有必要听一听拥有众多社会课题解决型创新项目的欧洲的观点和见解。

自互联网发明以来直至现在，美国一直在科技领域独领风骚，但今后也许将会迈入科技欧洲时代、科技亚洲时代，或是某个不知名国家的科技时代吧。日本企业是否也应该摸索一条成为变革者的早期投资家之路呢？既然无法实现创新，那就成为变革家的投资人。这也是一项很不错的生存战略。

开展新事业时应当创新的是后台管理系统

日本企业应该在各地举办的创新型集会中最大限度地用好自家公司的招牌和头衔，结识各个领域的专家。创新型集会大多为对话形式，有助于与专家们交朋友。如有意向开发不同于既往业务的新业务，就需要新的观点。要想获得新观点，就需要一个可以与不同领域专家交流的机会。要摸清自家公司的资源与价值是否可以流动起来，如果单靠自家公司无法做到，就只能求助于新兴企业等其他公司了。创新型集会正是崛起于这种背景之下，它致力于帮助有需要的企业拨开混沌的迷雾，找到解决方案，抓住催生新点子的灵感。

即便如此，可能有些企业只要营业额数据过得去，就会一直专注于现有业务，剩下的就是再收集一些信息便好。当然，不能忽略的是，高压原本就不适合日本的管理者。笔者在本书中将硅谷企业的逻辑定位为市值至上主义，但硅谷企业之所以奉行市值至上主义是因为一直以来都将股东的利益放在第一位，管理层面临着很大的压力。因此需要管理层不能满足于现状，要不断开拓新市场获取更多的利益。

这其实是一把双刃剑的两面。人也是一样的。适度的压力可以让企业变得更强。如果一直没有任何压力，就无法孕育出应对新风险和变革的能力。而"贵公子买卖"（译者注：不在生意中付出任何努力的经营模式）正是新出现的破坏者的最佳目标。

日本企业的管理层面临的压力并没有那么大。虽说投资者越来越看重公司治理，交叉持股也正逐渐淘汰，但是 2019 年 8 月上市公司的交叉股权还是达到了市值约 27 万亿日元。

与美国企业相比，日本企业的"积极股东"的比例要少得多。虽说只要向股东进行了阐释说明，投资新项目应该并不是什么难

事。但是经营稳定的企业，尤其是通过企业对企业电子商务模式
（B2B）可以确保收益的企业，更愿意维持现状。如此一来。日
本企业自然而然会与世界发展趋势背道而驰，故步自封。

在组织机构僵化的企业，承担风险的员工不会得到相应的回报。
主张新项目开发的部门并不受欢迎，所属员工甚至有可能自此无缘
晋升之路。有的企业还会要求员工在原本工作的基础上利用空闲时
间推进新项目。从事新项目的人反而会被冷遇，日本企业的白领们
对此应该不会陌生吧。

如果真心想要进行创新，应该认真琢磨克莱顿·克里斯坦森
（Clayton M. Christensen）教授提出的关于创新的定义："为了
将劳动、资本、原料、信息转化为更有价值的产品与服务，对组
织进行的改变"（《繁荣的悖论》）。因此，不仅要变革研发，
最好还要变革人力资源和组织，也就是变革人事考核机制、法务、
投资手段以及知识产权的运用等。

在开发新项目时，后台管理系统最容易被忽视，但后台管理系
统不做出改变，项目是不会成功的。将有风险的新项目单独成立创
新公司，工资体系和评价制度也要随之变革。如果几年之后仍未取
得成效，便将其解散，员工也可以带着积累的经验回到原部门。当
然，如果成功的话，今后的身份就是创业管理者了。

即便是在研究所进行基础研究，每年都研发出一定数量专利的
企业，其专利的转化率也并不是很高。据专利局的调查结果显示，
自 2014 年以后，企业专利的利用率不足 50%。未利用的专利中有

超过 30% 是用于防御目的，其余的则都处于休眠状态。为什么基础研究和专利申请有那么多预算，但是却没有实现成果转化呢？原因之一或许是没有专利产出的部门下个年度的预算会被削减。

为了解决这个问题，只能不断推进专利的流动。可喜的是，休眠专利的匹配市场今后也将进一步发展壮大，而且海外也出现了利用区块链技术将知识产权证券化的企业。也许这种"许可链"，正是一个瞄准开放式创新的商机。2019 年 5 月《意匠法》（或称《外观设计法》）修正案施行，以前未纳入意匠范围的用户界面和云服务如今囊括其中，可谓一个好消息。

欧姆龙创始人了不起的 SINIC 理论

虽然日本大企业作为组织体系存在着很大的问题，但是它们并非一开始就是保守的。大企业的创始人，都曾提出过很先进的理念。

笔者最感兴趣的是欧姆龙创始人立石一真于 1970 年在国际未来学会上提出的 SINIC 理论。这是笔者从一同参与柏林研学项目的该公司职员那里得知的，虽然才听到这个理论，笔者不得不表示真的震惊于立石一真的慧眼。

SINIC 理论中的社会发展历程如下。14 世纪之前是农业社会，

然后经历手工业社会、工业化社会，发展至 19 世纪 70 年代之后
的机械化社会，到 20 世纪以后依次是自动化社会、信息化社会，
2005 年以后则依次是最合理化社会、自治社会、自然社会。最合
理化社会指的是"价值观发生转变，从物的时代转变为心的时代的
社会"；自治社会指的是"个人与社会、人与自然、人与机器自治
和谐的社会"；自然社会指的是"蕴含着生命机制的可持续社会"。

在现阶段，SINIC 理论与现实社会的发展历程都是相符合的，
根据 SINIC 理论，现在正处于最合理化社会向自治社会过渡的阶段。
在计算机还未普及的年代，立石一真几乎准确无误地预测了自动控
制技术、电子控制技术以及生物控制科技能对社会产生多少影响，
实在是令人惊叹。

不仅是 SINIC 理论，相信很多创业者都根据当时的社会状况和
科技水平认真思考过自家公司应当承担的作用。不少人将企业理念
当作是朗朗上口的企业宣传语，但其实很多企业的理念中还凝聚了
创业者的思考。

不过，笔者的意思并非是让各位重温创业理念，然后沿着该
理念的指引行动。笔者想的是，要不要对创业者当时的考量、社
会与科技、企业应当承担的使命以及企业与社会之间的关系进行
再次复盘与更新。

笔者身边汇集了各个领域的最前沿信息。大部分企业在开展创
新扶持项目之前，都期望获取关于最前沿科技与潮流的相关信息。
尤其是信息技术相关企业，眼光很容易局限于科技。有了新科技可

能带来的便利，如果发布此类产品，则股价将上涨。即便追逐了一时的科技与潮流，也不能实现创新，甚至有可能导致社会扭曲给人们带去不幸。

现在的社会如何呢？

现在可以运用的科技都有哪些呢？

自家公司的使命和价值是什么？

如果找不到社会、科技、自家公司使命与价值这三个核心的交汇点，企业活动就不是真正意义上的创新。每当笔者介绍新概念和案例的时候，总有人会说："因为是在国外所以才成功的吧。"笔者回应道："不是的，日本也有相同的案例。""因为是创业公司所以才取得了成功吧。""不是的，是大企业。""正因为是那种企业所以才成功的吧。"如此循环反复地提问，是因为想要得到一个通用的商业模式。但是，即便是苹果公司，也不是因为模仿了微软的做法，才在 2018 年成为世界首家市值超过 1 万亿美元的企业。

苹果与微软曾经是竞争对手，在个人电脑领域一败涂地的苹果，却用只有苹果能办到的方法翻身成了王者。几乎没有任何一家企业可以照搬乔布斯模式。笔者曾经采访过乔布斯，感受最深的是，他是一个纯粹的发明家。乔布斯在他职业生涯的后半段成了一名优秀的管理者，那是因为他已经是一名很成熟的发明家了，而且在他看来，将别人管理模板应用于自家公司简直就是浪费时间。如果一般企业盲目模仿乔布斯模式的话，可能会毁掉自身的组织形态。

每个公司孕育的文化、人才、经验、知识产权、未来图景、发展历程等都各不相同。务必经过深思熟虑，偶尔参考新启发，找出只有自家公司才能得到的解。这就是特殊解，是谁都无法对号入座的绝对解。

不同于互联网泡沫时代的千禧一代

虽然前面讲了很多悲观的话题，不过我们也感受到了社会的变化，行动起来的个人和企业正在变多。

提到日本年轻人，笔者并没有那么不安。年轻一代不再幻想终身就业，也没有人愿意一直在一家公司工作直至退休。即便顺利入职大企业，如果看不到企业的未来，也会毫不犹豫地辞职。他们有的利用从企业学到的技能创业，有的回到地方重振家族事业，还有的积极参与地方创生项目。虽然离开了大企业年收入一定会有所下降，但是他们并不是那么在意。

笔者担任发行人的新闻网站日本商业内幕（Business Insider Japan），是在全世界拥有一亿多千禧一代读者的商业内幕网站的日本版。千禧一代指的是 2000 年以后步入成年人的一代。人们常常会用数字原生代这个词来形容千禧一代的特点。据说千禧一代十分关注社会问题，更重注体验和共鸣而不是消费欲。

日本商业内幕网站从 2019 年开始举办"超越千禧年"（Beyond Millenials）活动，表彰千禧一代的创业者。名单的筛选由专业人士负责，2018 年从众多候选名单中筛选出 444 名个人和 2 个组织，活动当天再由审查团队以外的参会者投票决定获奖者。笔者参加这项活动的感受是，千禧一代和 2000 年前后互联网泡沫时代的创业者相比，性格真的完全不同。

比如，拥有 30 多万客户的戈约公司（Gojo& Company）的慎泰俊。该公司致力于为全球提供金融服务，投资对象包括小微金融机构。据说该公司贷款逾期超过 30 天收取的滞纳金还不到百分之一。公司业务已经拓展至新加坡、印度、缅甸等国家，发展十分迅猛。见到慎泰俊之后，人们便会意识到，做有益于社会的事是赚不到钱的这种说法毫无根据。

还有科维德株式会社（Coaid）的玄正慎。针对日本每天有 200 人因突发心脏病猝死的现状，该公司开发了急救互助软件，招揽了有急救经验的人。玄正慎也是心肺复苏培训塑料瓶的发明者，这种塑料瓶可以用于练习心肺复苏，在急救车到来之前与死神一搏。

也有对硬件感兴趣的初创公司。比如，粕谷昌宏所在的株式会社麦乐汀（MELTIN）就推出了完美再现人类动作的机械手，向世界展现了该公司精细化、强有力、灵活度高的触觉科技。

随着与地方自治团体的合作越来越多，笔者接触到了很多从东京移居到别地寻找新机会的年轻人，其中很多是千禧一代。而且，

第 4 章中也有提及，千禧一代在区块链创新公司圈的存在感很强。笔者在柏林 Web3 峰会中遇到的大日方祐介就是一名年纪 20 多岁的创业者兼投资家。他以 Obi（笔者注：Obi 为大日的日文读音）这个昵称为大家所熟知，2019 年宣布要与足球运动员本田圭佑一同成立区块链基金。

在上一辈看来，这代人貌似少了些饥饿感。确实如今几乎看不到那种境遇凄惨、渴望成功逆袭出人头地的例子。想要成为创业者的人，大多数的家庭很富裕，笔者本人也是高学历人员。要是在 20 年前，这些人的理想职业应该是国家公务员或是大企业的白领。

那么，其他国家的千禧一代又如何呢？

据说，将杰里米·科尔宾（Jeremy Corbyn）推上英国工党党魁位置的就是千禧一代的年轻人。在美国，强烈支持提倡"重构资本主义"的伊丽莎白·沃伦和伯尼·桑德斯（Bernie Sanders）以及自称"民主社会主义者"的 30 岁年轻下院议员亚历山德里娅·奥卡西奥—科特兹（Alexandria Ocasio-Cortez，常用名 AOC）的也是千禧一代。

笔者认为，虽然日本千禧一代中的大多数并没有直接参与政治活动，但是他们或是选择移居东京以外的地方，或是开始创业、从事社会公益，他们的这些行为正是对过度的资本主义以及停止思考的企业团体的一种抗议。

新型家电 DeliSofter 是如何诞生的

当然，大企业也在开始做出改变。2016 年，松下家用电器为了促进公司内部创业，成立了公司内部加速器"变革者加速器"（GCC，Game Changer Catapult）。2017 年，通过严格的公司内部选拔，胜出者带着各自的项目参加了美国西南偏南盛会。笔者受邀对他们取材撰写专题报道。

给笔者留下最深刻印象的是，在该公司工厂从事质检工作的水野时枝和小川惠等人设计的 DeliSofter，这是一款专门为无法吞咽普通食物的吞咽障碍人群设计的厨房家电。

吞咽障碍不仅无法摄取营养，还会引发各种严重的并发症。水野时枝和小川惠都有家人患有吞咽障碍，两人有强烈的愿望，希望家人可以和正常人吃同样的食物，而不是特制果冻这样的营养餐。而且烹制特制护理餐，费时又费力，对护理人员也是一个负担。因此，她们想到设计一款可以在保持食物味道不变的前提下软化食物的厨房家电，这样，吞咽障碍人群便可以和家人一同品尝美味。

在公司内部选拔中胜出的团队，要在西南偏南大会上推介样机和产品理念。此次得克萨斯州奥斯汀之行是两人的首次海外出差，

200

两人还要亲自向当地的游客进行推介。虽说有翻译,但是在需要自己阐释的时候还是要用英语进行交流。因为在媒体应对和英语推介等方面不太适应,刚去的时候他们的表情很严肃,但是通过笔者每日观察,看得出来她们随后逐渐适应了当地的氛围。

后来,西南偏南大会参会者在该公司本部所在地滋贺县草津市举办了一场社长企划会暨公司应该投资哪个项目的审查会。笔者也参加了这次会议,经历了西南偏南大会锤炼的水野时枝和小川惠两人,为时任社长本间哲朗详细阐述了项目的必要性以及制作项目原型所需的工作量、预算及所需人才。

两年后的某一天,GCC 代表深田昌则对笔者说:"DeliSofter 已经实现商品化了。"DeliSofter 项目由 GIFMO 株式会社(由松下家用电器联合美国风投公司 Scrum Ventures 共同成立的项目扶持公司 BeeEdge 于 2019 年 6 月创办)负责运营。据说,除了水野时枝和小川惠,公司内部与两人有着同样想法的职员也作为核心成员参与了 DeliSofter 项目。

笔者认为该产品是面向全球的自来水哲学(松下幸之助的经营哲学。产品可以像自来水一样大量供给且物美价廉,让消费者获益)的现代版,松下称其为健康家电,是弱者包容理念下的科技运用。在国外,有时也会被叫作包容智能(Smart Inclusion)。

这里笔者还想为那些从创意诞生到产品理念构思过程中采取了不同于公司以往做法的产品研发战略和投资战略,帮助该产品面世的"内部人"点赞。大企业有很多资源处于冬眠状态。如果将其激活，加以综合运用，一定会擦出不同的火花。而这是初创公司无法做到的。

日本的大企业一直以来倾向于将人才、利益全部限制在自家公司内部。与之相对，越来越多的人跳出自家公司，积极开展可以借助公司外部力量的项目。

为了让员工提出的点子尽快落地，索尼于 2014 年推出了新项目创出计划"种子加速器计划"（SAP，Seed Acceleration Program），2019 年 2 月，改名为"索尼新创加速器计划"（SSAP，Sony Startup Acceleration Program），项目迈入第二阶段。还有兼具众筹和电子商务功能的首飞（First Flight）平台，平台会推出尚处于计划阶段的产品及服务。普通消费者也可以对感兴趣的产品进行投资。

首飞平台孵化出的产品中也有索尼自家公司的新项目。比如智能手表维纳表（Wenawirst）。从大力推广品牌名而非索尼可以看得出，该产品采取的是项目制造和索尼公司分销模式，而不是索尼制造模式。

笔者认为，大企业在试水新项目时采用这种方式非常明智。因为一旦产品研发冠上了品牌名，项目的门槛就会一下子提高很多。有的产品光是开模就需要投入巨额资金。销售额压力随之增加，也绝不允许失败的情况发生。此外，还要确保有闲置的生产线，产品的安全性和质量也必须符合品牌一直以来的标准。如此一来，从计划阶段到项目落地，需要付出大量的时间和财力。

在飞速变化的当今世界，这简直是致命的。有可能等到产品推出时，其他初创公司已经研发出了同类型的产品，理念也已经过时了。之后还要投放电视广告大力宣传，开展现场推广活动，完善相关支持机制。

如果是在产品不愁卖的时代，追求产品极致是很有意义的，但是在当下，最重要的是尽快推出能满足消费者需求的产品。与公司以外的设计师、工程师合作可以碰撞出新的火花，也可以尽早获取消费者需求。从这点上看，与在众筹平台上筹资的初创公司处于同一起跑线，但是在流通和支持等方面可以利用大企业的资源是其一大优势。

试图修复社区的人们

美国俄勒冈州波特兰市的密西西比大道有一个重建中心。如果当地有想要翻新的房屋，中心的志愿者们便会集体出动，协助房东拆解该房屋并将拆解的物品按照家具和装修材料进行分类。分门别类归置的整整齐齐的门把手、水龙头等零部件，会在中心售卖。重建中心的二手物品无论从质量上还是从数量上都是数一数二的。

如果只看到这里，各位也许会联想到随处可见的再利用。而且贩卖房屋二手部件的从业者，应该有很多。

然而，波特兰市的重建中心不仅仅只是再利用，还有一些别的东西。勤勤恳恳致力于拆解事业的志愿者们和平共处，成为地方社区的中心。

深受波特兰市重建中心触动，设计师东野唯史于 2016 年在长野县诹访市成立了日本重建中心。虽说波特兰市与诹访市的文化差异明显，而且日本也不像美国那般拥有自己动手制作的文化，但是，诹访市有很多老旧的住房，不缺二手原材料。重建中心的一楼是咖啡厅，是当地居民重要的活动中心。

长野县诹访市的日本重建中心

如果大资本介入开展连锁，也许从拆解到废弃材料的分类、流通、售卖的效率都将更高。这确实会带来便利，但是不会为区域社区带来除了便利之外的任何价值。

东京都两国地区一带正在进行一个名为"咖啡洗衣房"的有趣尝试。在咖啡馆放置大型洗衣机，还提供熨烫、缝纫等家政服务，这个可以一边品尝咖啡和精酿啤酒一边放松的休息场所已成为市民活动中心。这家咖啡洗衣房诞生于株式会社地平面（Ground Level）的经营理念：改变日本街道的一层就可以改变整条街道。一个好想法可以让曾被遗忘的地方焕然一新，让落寞的街道焕发生机。

东京涩谷的"大家庭研究所"以及国立市的"国立五天"，也是对当代越来越封闭的社区进行扩张的新挑战。前者无论男女老少，数十人组建成一个家庭共同生活在一起。因为是没有血缘关系的新组家庭，社会关注度很高。"国立五天"标榜的是共享房屋但不共居。比如，与陌生人共进晚餐。通过将其打造成一个随时都回得去的地方，让人们聚集在那里，国立五天是"招募家人"时代的领路人。

将视线拉回到欧美，共享居住服务也取得了快速发展。共享居住与共享房屋类似，是一种共享办公兼居住模式。大部分实行会费制，其中也有以高收入人群为目标群体的共享居住服务。伦敦、柏林的共享居住服务还会开展一些周末活动。因为会费不高，出现了多地居住者（Dual）和不定居生活方式。

GAFA 后时代

2019 年夏，笔者随日本企业考察团前往柏林米特区参观当地的某个设施。设施名为"Das Baumhaus"，意为树之屋。在那里，笔者同另外 34 名商务人士一同保持站立状态闭目哼唱。尽管男性与女性的声部不同，但是不知不觉中他们开始相互配合，然后在没有任何人指挥的情况下大家自然而然停止了哼唱。大家慢慢睁开眼，彼此视线交汇时都很害羞。

这项不可思议的活动，由树之屋的创建者斯科特·贝登（Scott Beauden）发起。斯科特来自布鲁克林，是一名工程师同时也是一名艺术家。2002 年搬到柏林，他遇到卡伦·霍华德（Karen Hourad），之后成立了树之屋。树之屋的使命是"让世界变成美好的地方"。斯科特将树之屋叫作"民众中心"。

附近的人可以随意出入树之屋，也可以随意发起项目。此处没有种族之限，埃及人在墙壁上留下了涂鸦，土耳其人也可以在此基础上继续涂鸦。上面的活动是斯科特为了让语言不通的人们心意相通发起的一项无须借助于语言的共鸣体验。

树之屋的创业者同民众一道制定应对气候变化的柏林宪章，并将其挂在墙上。只要是有助于社会可持续发展的项目，人人皆可起草策划，然后志同道合的人便会聚集到一起。擅长电脑的人可以教其他人，写有"转让、传授、希望、求助"的便签贴满了留言板。进门后只要坐在沙发上，就可以和任何人搭话。

一方面，随着资本主义的发展，社区正在消失或是去中心化，在这个进程中，这些基地成了易孤独无依靠的人们赖以仰仗的"靠

树之屋留言板上贴的便签

墙"。第 1 章我们提到了科技和忙碌的商业产生的疲劳催生了正念减压法。另一方面，越来越多的人会紧密结合当地的实际情况修复即将崩溃的社区，在拥有共同价值的前景驱动下的共享办公和共享居住也算是其中的措施。

美国波特兰社会学者齐格蒙特·鲍曼（Zygmunt Bauman）认为，近代经历了从沉稳的"稳固的近代"向资本高速流转的"流动的近代"的转变。"稳固的近代"处理的是有形（可触摸）价值，是官僚主义的，需要的是机械的、遵守规则的人。"流动的近代"指的是轻薄化、空虚化、短暂的，处理的是无形（不可触摸）的价值。

> "流动的近代"文化中，没有"应当耕耘的人"。取而代之的
> 是"应当邀请的客人"。

> （《流动的现代性》齐格蒙特·鲍曼著）

我们一边强调"装作热心样子的店铺"和"为了你"，一边对
不闻不问我们的服务和商品感到厌烦和疲惫。而且人们不再关注身
份和钱包中有多少钱，需要的是可以展示人类本身价值的事物。

模板复制已无价值

日本在高度经济增长期之后，变得愈发便捷舒适。高速公路网
连通全国，麦当劳、星巴克、茑屋书店、优衣库等连锁店如今也开
到了几乎每个地级城市，在地方也可以享受到不逊于大城市的产品
和服务。

不过与此同时也面临着这样一种窘境，那就是无论前往日本的
任何地方，看到的都是同样的景致，仿佛是复制粘贴一般批量生产
的街道。

复制粘贴并不一定就不好，它也许还曾是最佳解决方案。大规
模开设连锁店，可以提高企业的资本效率。只要所有地方都采用同

样的设备，运用同一种系统和机制，使用同样的菜单，便可大幅降低进货成本、职员的培训成本以及店铺运行成本，如此更易赚取利润。在居住于交通不便地区的居民中间，这种提供便宜美味食品又方便的店铺很受欢迎。

然而，一旦产品和服务供应充足，人们便会生出不满足的心理。旅行时，会想要品尝只在当地才有的美味，想体验只能在当地才能体验到的事物。对于当地的居民来说，复制粘贴式的街道也很无趣。在大资本运营的连锁店中，职员只能按照员工手册进行操作，几乎没有和常客交流的机会。

模仿者被称为 copycat。包括日本在内全世界的模仿者的存在都基于资本主义合理性的那一面。它们无视当地特有文化，只顾资本效率而一味复制流行事物，这种商品已经没有任何价值可言。

千篇一律的产品和服务泛滥之后，人们渴望的是独一无二的体验。要想设计出独一无二的体验，需要极强的创造力。即便如此，也并不意味着广告代理商举办一次活动将知名创作家邀请来就有创作诞生。当然，创作还需要参与当地生活，融入当地居民。

在善于进行地方创造的欧洲，各街道、地方会利用当地的特色文化，如果当地没有特色文化的话，常常会借助艺术之手来创造。即便是当地从未曾出现过的艺术，随着艺术慢慢扎根，总会带来新的文化。无论是何种文化，只要可以巧妙地将其可视化，都能诞生出强大的创造力。

在召开西南偏南大会的得克萨斯州首府奥斯汀，贴着这样的标语："让奥斯汀保持怪异"。如今，甚至美国总统也会去西南偏南大会发言，反过来说，奥斯汀已经成为一座"普通的大都市"。"让奥斯汀保持怪异"这个标语，蕴藏着只有与众不同才有价值的叛逆精神。

曾经，日本各地也有各自独特的文化。然而，在集中和资本主义推进过程中，区域独特性被逐渐遗忘。若不想陷入盲目模仿的陷阱中，就要独立思考，准确找出当地独一无二的价值。大家可能被资本主义社会中名为效率化的思考停止状态所迷惑了，要想抵抗住这种诱惑需要战略，也需要伙伴（不分域内、域外）。

"问题大国"才有新出路

无须赘言，当下的日本面临堆积如山的问题。

少子老龄化导致劳动力不足，地方人口外流不止。因为地方人口骤减，甚至连公交等公共交通网都难以维系。

就在不久前，日本还有人主张打造能与GAFA抗衡的企业，如今，也许只有少数人还会认为那是可以实现的吧。甚至还有人建议赋予GAFA这样的跨国企业电子国家的角色。

同时，日本企业的发展速度落后于其他国家，工人们的工资也未有提高。教育负担愈发沉重，育儿门槛抬高，加上出生率持续下降，少子老龄化问题越来越严重。

不过换一个角度看，日本的确是一个"问题大国"，但如果各区域各社区能够正面面对这些问题，也许可以开拓出新出路。

比如农业人口不足问题。按理说，科技在农业中的推广，应该改变了农业。但这并非农业技术（Agritech），而是农业变革（Agri-Transformation）。在欧洲，对于细胞农业（通过细胞培养技术进行农业生产）和垂直农业（利用高层建筑物的楼层、斜面进行农业生产）的投资已经很流行了，这些投资瞄准的是即将到来的 2050 年人口大爆发导致的粮食不足问题以及替代蛋白质等课题。从全球投资规模来看，该产业投资已经超出了汽车产业。

笔者参与了广岛县人工智能 / 物联网"广岛沙箱"的其中一环——孵化项目，这些项目非常有趣。其中一种尝试是将物联网和人工智能技术贯穿于柠檬种植至采摘的全过程，实现农业生产全自动化。还可以将柠檬在供应链环节从生长至采摘的所有数据上传至区块链。此外，还有很多很多点子，比如发行代币用于预约未发货的柠檬，等等。

濑户内海的柠檬都种在陡坡上，因此需要解决的课题很多。即便不是老年人，都很难在陡坡上对柠檬进行修剪和采摘。那么，是否可以使用陡坡专用无人机和采摘机器人呢？也许各位会认为这种用途的范围也过于小了，但其实坡地种植不只存在于日本，亚洲、欧洲、南美洲的很多国家及地区都有。老龄化带来的劳动力不足问

211

题是全球的共同课题，待陡坡专用收获机器人推广至全世界后，其商业应用范围也许就会扩大了。之后，农业生产全自动化转变机制的输出及共享也是有可能实现的。

让我们将视线从坡地种植扩大到整个农业。日本初创公司未来飞行（Aeronext）拥有无人机重心控制技术，获得了经济产业大臣赏等多个奖项。利用该公司的技术，无人机和之后会介绍的垂直起降飞行器（eVTOL，electric Vertical Take Off and Landing aireraft）可以保持重心稳定、实现安全飞行，其有望应用于农业以外的其他领域。

跳跃思维（Leapmind）是一家专门从事深度学习的日本创业公司，该公司将一直以来只能应用于云端的深度学习，以嵌入式芯片的方式安置在边缘设备（客户端机器）中。如此，自动操控的无人机等设备无须连通互联网也可以实时进行人工智能处理。

这种组合应用不仅可以用于播撒农药，也许还可以在观察地表飞行等其他方面派上用场。还有很多地方实际问题，也许都可以通过最新科技得以解决，甚至包括接班人这样的问题。农业变革的范畴很广，连工作流程和教育手段都囊括在内，比如如何安置没有农业生产经验的人，应对他们进行何种培训等，除此之外，还包括农户之间的协作，涉及加工厂商的新产品研发，甚至还涉及经销商和店铺的架构重构。

存在问题的地方才能孕育出创新的种子。将当地特有的问题找出来，由地方自治团体、居民和企业一同研究解决之策。如果受到现行法律或是条例制约，可以利用"沙箱"机制（如果现行法律法规限制了新技术的应用，在政府认可的情况下，可以实行试点试验）推动限制放宽。如此，便可以将日本乃至全世界的创业公司都吸引过来。在欧洲，这种跨国模式十分普遍，比如伦敦初创公司参与柏林的加速器项目，等等。

最近，致力于飞行汽车和"空中出租车"现实应用的初创公司受到了全世界的关注，这些研发垂直起降飞行器的大多数公司将目光瞄准了大城市。然而，垂直起降飞行器的最佳的出行、配送手段应用不应该是在人口稀少的地区吗？一些地方政府正在制定关于购入低价垂直起降飞行器的方案，如果可以由多个地方政府共有，将会减轻居民的负担。垂直起降飞行器不仅可以用作出行工具，闲时还可以用于观光游览。如果在日本地方试验成功，也就证明可推广至条件相似的其他地区或是国外。

区块链智能合约将会被应用于垂直起降飞行器、电动汽车等电动移动设备的自助充电领域以及支付领域。此外，在未设置塔台的机场，是不是也可以运用区块链技术来辅助支持分布式航空管制系统？比如，实时掌握飞行器的位置，对各飞行器身份进行管理，通过智能合约提前设定起飞和着陆等。这个点子应该也可以用于无人机配送、气象观测或是灾后重建工作。当然，此用途不只限于日本，可推广至全世界。

"日本最美乡村"新庄村的挑战

换个角度看，日本还有很多地方拥有其独特的资源。如果将当地资源可视化，开辟价值交换渠道，与此相关的人应该都能致富。

这里的富有，不单单指的是财务方面，还包括体验价值。正如前文所述，今后，体验在幸福指数中所占的比重将会越来越大。而生活方式的转变有可能带来劳动变革。越来越多的企业实行居家办公以及办公度假（将工作和度假这两个词结合在一起的合成词，指的是在景区等地远程办公），如果采取联盟雇佣模式的企业更多，将员工当作平等合作伙伴的新型雇佣关系以及"复业"① 工作模式更为普遍，更多的人才将在退休后也能继续工作。

位于四国山脉东部德岛县的神山町，是一个人口只有五千人左右的小城镇。鲇喰川等河流冲刷形成的山涧溪地美不胜收，但由于地理位置偏远，人口持续减少。不过，最近该地作为地方创新示范点引发了广泛关注。

契机是实业家于 1999 年在神山町成立的"神山艺术家进驻"

---

① 同时拥有多份工作。

（KAIR）项目。邀请来自日本国内和全世界的艺术家居住在老房屋中，并为他们的创作活动提供扶持，由此，神山町一下子提升了知名度。此外，神山町实现了光纤网络全覆盖，可以高速接通网络，因此，许多信息技术企业在这里开办了卫星办公室。对于在这里工作的职员来说，所属公司位于大城市，却可以在大自然的怀抱中工作，还能拥有私人时间，真的是天堂一般存在。

以建设"日本最美乡村"为口号的冈山县新庄村，正大力开展移居项目，目标是用当地的风景和生活方式吸引年轻人，从而定居当地。笔者在新庄村遇到了一位女性，她曾是流体工程学的工程师。如今，她一边在政府工作，一边运用专业知识设计创意十足的个性装饰品在网上售卖。还有一个出生于东京的男性也移居到此处，管理着村里的共享办公空间。

笔者的姐夫生活在岐阜县高山市，与朋友一同耕种一块稻田，采取有机方法种植水稻。据说，1.5亩左右的稻田获得的收益足够一家四口人的开销。此外，他还是家具手艺人，也是一名非洲鼓（一种非洲打击乐器）演奏家。因为有稻田，所以生活质量非常高。平日勤于耕作，农耕结束后和朋友聊聊天，制作家具，偶尔参加一下现场的演奏活动。他可以说是新时代的百姓——"富裕百姓"。

百姓一词原本表示的是很多的"姓"。区域社区中生活着各个行业的从业者，他们一边干着自己的职业，同时从事农业生产。随着科技的进步，"百姓"式的劳作模式再次复苏。人们可以一边从事农业生产，一边作为具有特殊技能的人员从事其他工作。

有一个词语是"半农半艺"，指的是农业和其他职业相结合的生活方式，当然，可结合的不只是农业，也不仅限于三个或是四个职业。不同的人生阶段，职业的内容可能会有所不同。借用当下的流行语来说，应该将其称为"斜杠青年"。

生活方式多样化的启发

上述生活方式是否会在未来成为主流，笔者并不清楚。区别于其他人的技能和适应能力显得越发必要，不过笔者认为，在不确定性极强的时代，展现"富裕百姓"这种生活方式十分有意义。笔者没有自信可以通过一两句话将所任职务的具体内容讲清楚。笔者所在的大学，越来越多的学生尝试成为斜杠青年。在以前，如果某个人从事的职业是人们所不能理解的或是有着多重身份，那么他会被称作"怪人"。渐渐地，人们只要付出了汗水勤勤恳恳工作，就会得到他人的尊敬，即便从事的是机器人也可以完成的工作。与之相对，文人、以艺立身的艺人、无形（不可触摸）价值的创造者反而被社会边缘化。

今后，这种创造价值的职能很难被人工智能取代，人们甚至有可能看了头衔也想象不到其具体的工作内容。在长寿成为常态、技术革命不断推进的社会，人们很难只从事某一个职业。

2019 年 6 月，金融厅发布养老报告，经媒体发酵，"2000 万日元养老问题"引起举国哗然。而且，据说仅 2019 年就有 9100 名中老年职员（译者注：中老年一般指的是四五十岁人群）被解雇。这被称为"盈余解雇"，趁业绩好的时候让中老年职员腾出职位，然后将空出的职位再重新分配给年轻人（2020 年 1 月 13 日版《日本经济新闻》）。

也许在未来不甚明朗的时代，管理层的地位将会越来越低。后 GAFA 时代，如果一个人认为工作就是完成上级布置的日常任务，那么他被解雇的可能性很高。日本的人才流动幅度一直都很小，今后一定会面临重新洗牌。其中的部分人也许要考虑移居到其他地方或是以"复业"模式工作。

如果现行的机制不行，那就寻找其他的生活方式来替代。如果是人口稀少的农村，几百万日元就可以买到一户带农田的房屋，稍稍控制一下生活成本，还可以过上相当不错的生活。也可以发行地方货币，作为只在域内流通的功能型代币实现以物易物、获取服务。或许还会出现去中心化的"智能自治团体"，通过电子治理压缩成本，将省出的资金作为原始资本用于支付村民的无条件基本收入（Basic Income）。这就是没有村长的去中心化自治村组织。

一般社团法人未来共享实验室（Next Commons Lab）（译者注：与各方开展创新合作，为推动社会变革进行各种实验验证的社会架构设计组织）的创始人林笃志正在日本地方推广新社区构建项目。

他标榜的是后资本主义。该项目围绕各地区不同的课题，邀请不同领域的年轻专家，让他们一同移居到当地。目前全日本已有远野、弘前、宫崎等地的 13 个项目在运转，在中国台湾也设有项目基地。

林笃志告诉笔者，后资本主义就像是在现行的资本主义和资本主义国家（都是集中型）的基础上叠加了新的一层。这新的一层正如未来共享实验室开展的项目一般是呈分布式、扁平化的。未来共享实验室还发行了新层专用加密货币，人们可以通过参加区域内名为"微工作"的互助活动获取加密货币。

有人为了扶持这些社区货币、创业项目以及社会公益项目，千方百计想要拓宽这些项目发行的加密货币的出路。这个人就是日本加密资产市场株式会社的冈部典孝。

若想将某个组织或是个人发行的加密货币——比如功能型代币和治理型代币——兑换成法定货币，只能通过首次代币发行，而在日本因为有虚拟货币交换从业者登记制度的法律约束，所以从事实上讲是很难的。第 3 章中介绍的首次交易发行的门槛也很高。

2018 年 3 月，在阿根廷首都布宜诺斯艾利斯举办的二十国集团峰会发布声明，将虚拟货币认定为加密资产，要求各国依法加强监管，之后，冈部预测加密资产交换从业者资格认证将会越来越严，于是先取得了古董商许可资格（译者注：二手物品买卖、交换的从业资格）。2019 年 8 月，警察厅放开了全面许可，自此实现了加密资产和产品交换的想法。同年 10 月，冈部成立一般社团法人加密资产古物商协会。冈部之前也成立过没有法人的去中心化自治政治团体"托肯托肯"（TokenToken），是挖掘区块链可能性的先驱者。

将加密资产当作二手物品进行交易，也就是为一直以来只在社区内才具有价值的加密货币赋予了新的价值，而不是兑换成法定货币。冈部是这样阐释自己的意图的："构建可以用代币进行投资的生态系统，帮助以解决社会课题为目标的组织和个人。"

冈部在跟政府确认过不触犯法律的前提下，将整个过程公开在社交账号上。将自己的想法公开，然后逐步实践，这是迈向分散化时代的社会实践，也是推动变革的新手段。加密资产古董商、去中心化自治政治团体等，这些都是在日本法律范畴下诞生的世界罕见的特例。

科技能消灭食品浪费吗？

现实社会中的课题多种多样，错综复杂。

比如，某地区想要解决可食用食品被扔掉的食品浪费问题。那么，即便将"请不要扔掉仍可食用的食品"的传单贴满大街小巷，也起不到太大的效果。要想真正找到解决办法，需要农户、食品公司、物流、信息技术企业等各环节协作，最大限度地利用好人工智能和物联网科技。

以下是一例科技参与的食品浪费问题解决对策。

1. 在每个家庭和各个厨房的冰箱中安放传感装置，通过图片识别技术获取冰箱中存储的食品种类、数量相关数据。

2. 将冰箱的视频数据上传至云端，利用人工智能进行大数据分析。

3. 农户依据需求调整发货种类和数量。

4. 将信息也共享给零售行业，助其调整库存。

可见，虽说只是简单地描述了一下对策，就涉及生产冰箱的家电制造商、拥有传感器和图片识别技术的企业、云服务、拥有人工智能技术的企业、农户、超市零售商店等方方面面。

解决对策涉及的方方面面都有各自不同的做法、不同的合理性，其科技应用模式、伦理观、与股东的关系也都有所不同。我们没办法也没有必要将这些都统一到一个标准中来，只需要一个可以让"消除食品浪费"各方协同运作的机制。

为了某个共同目的而成立，一旦实现了最初设定的目标随时可以解散的宽松联合体，采取的正是去中心化自治组织的做法，即只需交换各自价值即可。

未来社会需要的正是这种协同合作机制，也就是社区互用性。

未来的社区不仅包括人类，还包括人工智能和物联网。社区联合体的基石正是区块链属性，也就是一个零停机（系统永不停止）、不为任何人所有、无须信任机制、无须许可证（人人可接入）的高透明系统。

价值互联网和叠加式变革

第 4 章介绍了分散化科技值得关注的概念互用性，其实互用性不仅限于区块链领域。

笔者认为，不同价值观、不同功能、不同作用为了某个共同目标协同合作，这也是一种互用性。各要素并非固定不变，而是不断联合又分开。属于不同文化圈、经济圈的人们为了同一个目标携手合作。也许会产生分歧然后分开，之后又成为另一个目标或是项目中的一员。

在基于区块链的加密资产领域，硬分叉（交易方式变更）产生分歧的情况时有发生。其中一个原因是方针出现了差异。就比如对比特币区块的运行机制不满的工程师们又创建了一个名为比特币现金的区块链。因为是区块链是开源技术，所以这种情况才可能发生。

历史告诉我们，新主义会推翻旧主义。君主制、共和制、民主主义……某种思想、主义是无法和其他思想、主义兼容的。

不过，未来的去中心化并不会推翻集中。不同共同体、不同经

221

济圈、不同思想、不同价值观可以并存并且能够自由移动。这正是一种"大解体"。一直以来制约我们的机制，也将让我们得以解放。而且这种可能性越来越高，也许最后剩下的只有国籍，不过如果像爱沙尼亚一样实行电子居住权制度一般，如果去中心化自治电子政府发行了身份证明，也许连国籍都可以自由流动。举个例子，住在东京的程序员，可以一边参与美国的厕所革命项目，同时协助地方政府进行城市建设。去中心化的尽头是价值（包括金融、非金融）驱动的架构，是价值互联网（IoV，Internet of Value）。

然而，价值这个词或多或少偏向于通过金融资产和房地产等客观标准衡量的"价值"之意。不过在这里指的是没有绝对标准的价值，或是包括非资产价值驱动社区在内的共感驱动社区及共感驱动项目，如此才可以实现宽松的联合与分离，也可以同属多个联合体。

如果说区块链是体现民主化的技术，那么伦理就是构建社会架构的重要软件。笔者反复强调，单靠科技是无法实现美好社会的。即便为了获取短期利益意图破坏环境或是损害人的性命，伦理也会判定这项投资不合理从而规避。技术统治论欠缺的正是基于伦理的价值观。笔者无法强制决定不使用科技。也许科技的应用可以催生一种为世界带去幸福的简单、鲜明的使命感。

从这点来看，对技术统治论的伦理教育已经成为一项亟待解决的课题。今后，设计领域也将面临科技与伦理问题。设计已经不仅仅限于构思，其涉及领域已扩大至用户体验、社会影响、心理等方面。

如何监控人类行为的行为心理学成果被用于当下以社交游戏为

首的企业获取利益。有一种被称为"黑暗模式"的界面故意让用户无法仔细思考条约的详细内容以及解绑条款，随便就同意条款内容。谷歌曾提出的公司标语——不作恶（Don't be Evil），连设计者和市场推广者都会遵守。希望今后在对包括伦理、人性在内的社会架构进行设计时，可以实现跨领域探讨，共同制定方针。

变革正在发生，但并非"颠覆"式变革，而是"叠加"式变革。而且，变革已经在你我不知道的领域开始了。未来，不同活动之间开启价值交换，它们组成的价值互联网将会改变世界。那时，处于结合点（节点）的也许就是读过本书的各位。

1996 年，美国电子前沿基金（EFF，Electronic Frontier Foundation）的联合创始人、诗人约翰·佩里·巴洛（John Perry Barlow）发表《网络空间独立宣言》，这大概是世界上第一个互联网空间独立宣言。巴洛在宣言中如是说："你并不了解我们，也不了解我们的世界。网络空间并不在你们管辖的国土范围内。"

本书第 4 章中介绍的以太坊联合创始人加文·伍德撰写的"我们为什么需要 Web3.0"可以称为 21 世纪的《网络空间独立宣言》。其矛头直指以 GAFA 为首的集中型跨国企业，本质是对于不受任何人制约的自由的渴望。Web3.0 未如 Web2.0 一般引发新浪潮，当然，这也不是一件容易的事情。作为"生钱"的工具，生钱的形式也与以往的组织和构思、商业模式完全不同。这种工具正如诞生之初的互联网，不断考验和触动着我们。

巴洛在宣言中还说道："不要妄图可以像建设公共事业一般建设互联网空间。那是不可能的。互联网空间的发展是一种自然行为，会根据我们的共同行为自行发展。"

科技总是对科技治理与科技管控发问。

笔者在这里向担任本书策划编辑的山路达也、责任编辑藤冈岳哉致以最诚挚的谢意。山路优秀的工作为本书的撰写提供了很大的帮助。此次是第二次与藤冈合作，藤冈一直是最强陪伴者，一直引领笔者直至本书完成。

还有众多未在书中提及的区块链创业者、技术人员、发言人们，各位的热情与活动，一直深深触动和启发着笔者。此外，也请允许笔者向提出了诸多建议的阿部一也致以衷心感谢，向佐藤佑辉、萨姆森·伊（Samson Yee）表示感谢。还有笔者在柏林的朋友们、尤尔根·施佩希特（JürgenSpecht）、勒内·斯托里安（Renéstrain）、尼古拉斯·沃伊施尼克（Nikolas Woischnik）、同事们和 TOA 社区的朋友们、家人、父母致谢。

最后，对孩子们要说的是，未来一定是光明的。希望你们可以保持谦虚，拥有披荆斩棘的勇气。

小林弘人

2020 年初春